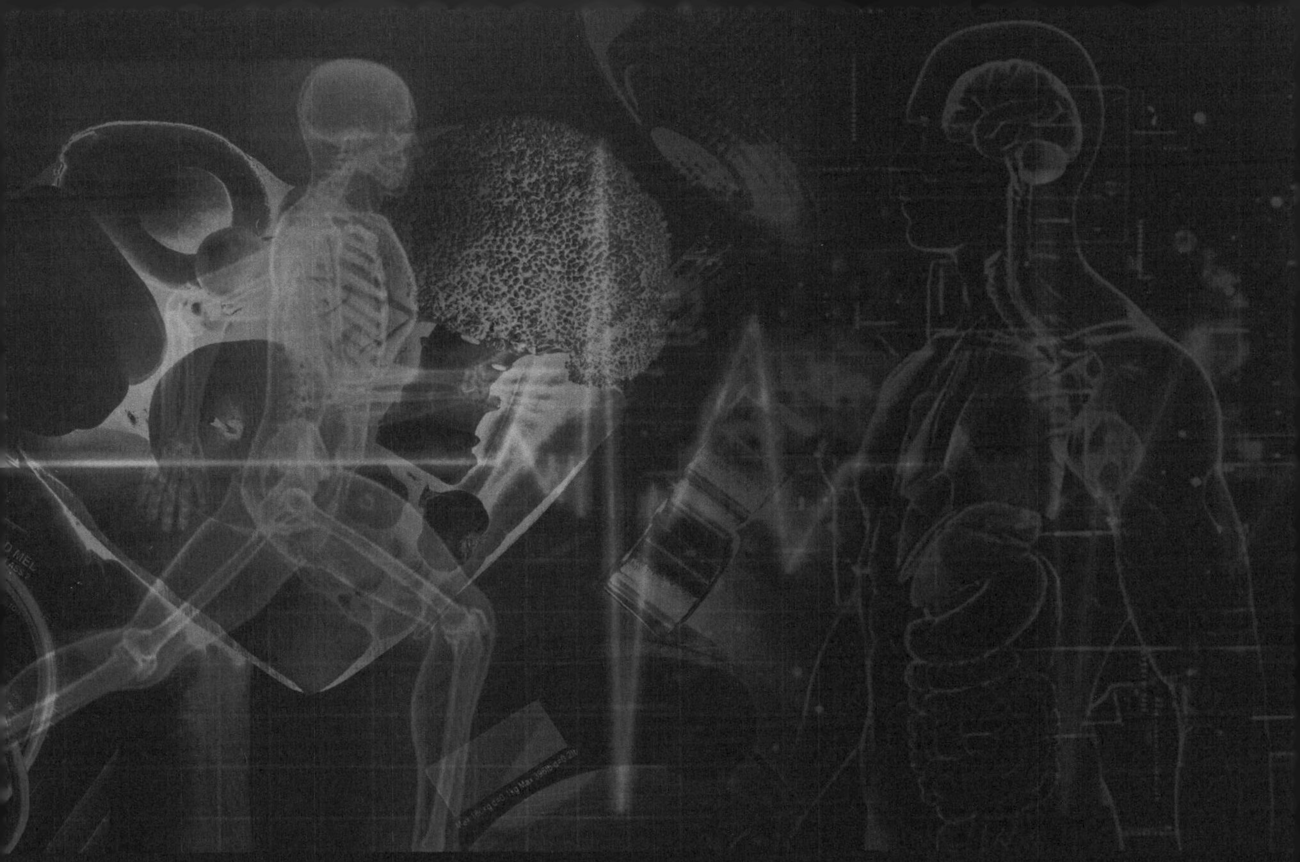

健康素养

教学案例汇编

杨 霞 华 夏 贺文芝 主编

·昆 明·

图书在版编目（CIP）数据

健康素养 ：教学案例汇编 / 杨霞，华夏，贺文芝主编. -- 昆明 ：云南大学出版社，2025. -- ISBN 978-7-5482-5152-1

Ⅰ. G647.9

中国国家版本馆CIP数据核字第20259SJ672号

策划编辑：徐　曼
责任编辑：陶燕燕
封面设计：刘　雨

健康素养
教学案例汇编

JIANKANG SUYANG – JIAOXUE ANLI HUIBIAN

杨　霞　华　夏　贺文芝　主编

出版发行：云南大学出版社
印　　装：昆明德鲁帕数码图文有限公司
开　　本：787mm×1092mm　1/16
印　　张：10.75
字　　数：268千字
版　　次：2025年6月第1版
印　　次：2025年6月第1次印刷
书　　号：ISBN 978-7-5482-5152-1
定　　价：48.00元

社　　址：云南省昆明市一二一大街182号（云南大学东陆校区英华园内）
邮　　编：650091
电　　话：（0871）65033244　65031071
网　　址：http://www. ynup. com
E-mail：market@ynup. com

编写说明

健康素养是指个人获取和理解基本健康信息和服务，并运用这些信息和服务做出正确决策以维护和促进自身健康的能力。提高全民健康素养，是实现“健康中国”的重要前提和基础。

健康教育是通过有目的、有计划、有组织的系统教育，使人们自觉采纳有益于健康的行为和生活方式，消除或减轻影响健康的危险因素，预防疾病，促进健康，提高生活质量。健康教育是研究健康教育基本理论和方法，传播健康知识和技术，影响个体和群体行为，消除危险因素，预防疾病，促进健康的学科，重视探索有效、可行、经济的健康干预策略及措施，评价干预效果和效益，是旨在帮助对象人群或个体改善健康相关行为的系统的社会活动，从而服务于疾病预防和治疗康复，增进人类身心健康，提高生活质量。

根据教育部和云南省教育厅的相关文件，以及全国体育专业教育指导委员会的相关规定，“健康教育学”为体育教育本科专业的专业必修课。同时，教育部印发的《普通高等学校健康教育指导纲要》（教体艺〔2017〕5 号）也要求高校应推出适宜本科在校生的相应公选课，以提高大学生的健康素养。

健康教育学在我国是一门较新的学科，而与此密切相关的案例教学也因其有多学科交叉、重视理论联系实际等特点，教学效果较好，被广泛认可。本书依据健康教育学现有经典体系的主要内容，选用该领域最新的研究和应用成果，对相关的教学案例进行了筛选创编，对传统的教材编写形式进行了创新，融入了探究式学习等新的教学理念，可作为“健康教育学”课程及高校健康教育公选课的参考用书。

支撑该筛选创编案例教学研究项目的是：云南大学第二批优秀本科教学团队“健康素养”教学团队建设项目、云南省硕士研究生案例库“运动促进健康”建设项目、云南大学研究生核心课程“体适能评定与方法”建设项目、云南大学研究生科教融合建设项目等。

本书由杨霞（云南大学体育学院）、华夏（云南工商学院）、贺文芝（云南大学体育学院）担任主编，武加文（云南师范大学附属中学）、高万苓（福建林业职业技术学院）、郭宇宸（济南幼儿师范高等专科学校）担任副主编，施雪兰（昆明城市学院）、杨辉（云南大学体育学院）、廖强（云南大学体育学院）、刘海龙（云南大学体育学院）、袁和文（云南大学体育学院）等参与编写。全书的统稿工作由杨霞、贺文芝、刘海龙、袁和文完成。

本书编写组
2024 年 7 月于昆明

目　录

目录

案例1　健康教育的发展脉络

【关键词】健康教育学、发展脉络、健康素养

【适用课程】健康教育学、大学体育与健康、体育保健学、学校体育学等

【案例知识点】健康教育、学科、课程、发展脉络

【摘　要】本案例通过梳理世界健康教育的发展脉络、我国健康教育的发展脉络、健康教育学科的发展脉络、主要发达国家健康教育的经验等，帮助学生全面了解和掌握健康教育学的发展概况。

一、世界健康教育的发展脉络

对健康教育产生影响的主要思想有：捷克夸美纽斯提出的“自然适应性”原则，美国杜威的实用主义教育思想等。

世界范围内最早的健康教育实践是1792年德国在学校开设的“卫生课”。其教学大纲被译成英文后，在欧洲国家得到了传播及普及，而后传入美国。目前，健康教育的权威机构为世界卫生组织（WHO）。世界健康教育的发展脉络见图1－1。

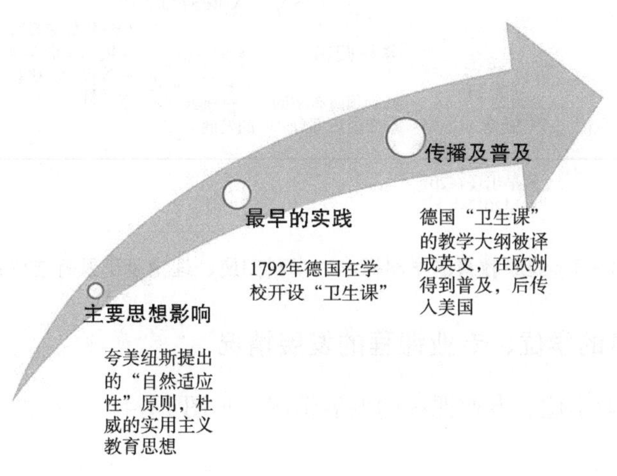

图1－1　世界健康教育的发展脉络

二、我国现代健康教育的发展脉络

我国现代健康教育的发展始于清朝末年，是随着西医从欧洲及日本的引入而起步的，其发展经过了进步、发展和普及等阶段（图1－2）。

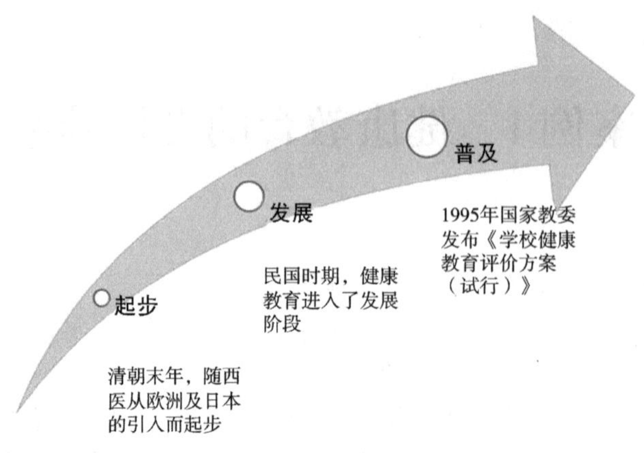

图1－2　我国现代健康教育的发展脉络

三、健康教育学的出现

“健康教育”一词最早出现在20世纪20年代，其学科概念、学科归属、理论基础及标志性成果见图1－3。

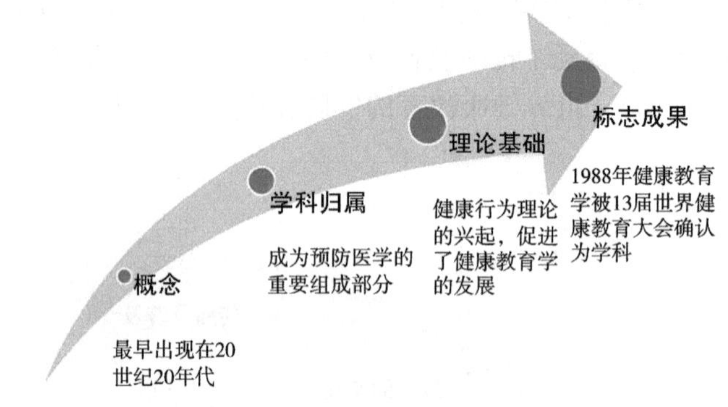

图1－3　健康教育的学科概念、学科归属、理论基础及标志性成果

四、健康教育的学位、专业课程的发展情况

健康教育的专业学位、专业课程的发展情况，见图1－4。

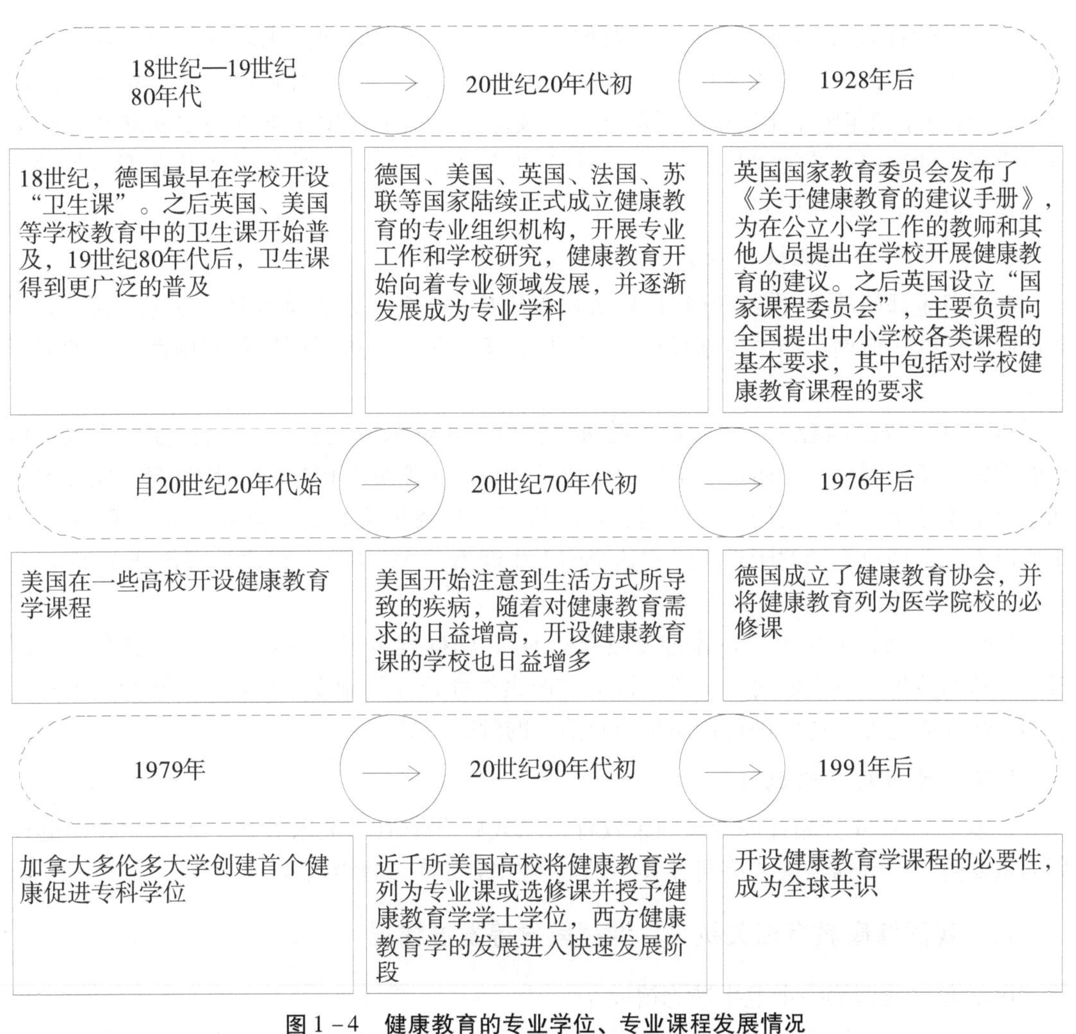

图1－4　健康教育的专业学位、专业课程发展情况

五、部分国家在健康教育方面积累的有益经验

德国、英国、美国、日本等部分国家在健康教育方面积累的有益经验进行了总结，其主要经验有：起步早，理念先进；组织全，架构科学；投入足，保障有力；覆盖广，重点突出。

（一）德国的健康教育经验

20世纪60年代，德国成立国家健康宣传中心，在16个州设立了分中心。这些中心作为德国健康教育的专业机构，发挥着组织、指导、管理的作用，负责制定国家健康教育的规划。在德国，公民的健康教育经费主要由国家投入，部分由医疗保险公司提供，少量为社会团体支持。德国法律规定，凡4～18岁儿童少年必须接受系统的健康教育。健康宣传中心、医院和医疗保险公司三个体系共同承担国民健康教育的职责。

（二）英国的健康教育经验

1927年，英国建立了“健康教育中央委员会”。1928年，英国国家教育委员会发布了

《关于健康教育的建议手册》，全面普及健康教育。英国政府把健康教育作为主要干预手段，成立了以学校、社区为主线的健康教育网络。1990 年，英国颁布《课程指导：健康教育》，针对不同年龄学生所能获得的知识、技能，提出了在中小学机构中发展和完善健康教育课程的建议。英国实行全民免费的国家保健服务制度，国家财政预算在卫生保健方面的投入占总卫生经费的 80% 以上。

（三）美国的健康教育经验

美国卫生部门从 20 世纪 70 年代以来相继开展了一系列大规模的健康教育活动，如开展低脂、低盐、低糖运动，控制吸烟，鼓励体育运动等，增进了国民预防慢性疾病的健康意识。

1974 年，美国国会通过了《国家健康教育规划和资源发展法》，确定国家健康教育机构的设置必须经国会审议通过。美国的健康教育机构主要分为国家即联邦政府、地方政府和基层组织三个层次，它们往往依据各自的特点，开展相关的健康教育活动。20 世纪 90 年代以来，美国政府的健康教育经费达全国卫生经费的 5% 以上，健康教育年开支 25 亿美元，人均 8.7 美元。

1995 年，美国制定了《国家健康教育标准》，明确规定了卫生行为、疾病预防、心理卫生、营养卫生等方面的内容，还推行了“健康教育处方”制度，规定医生除为病人开治病的药物处方之外，还要进行疾病预防及治疗的健康指导。

（四）日本的健康教育经验

日本于 1932 年开始开展全民健康教育，二战后更是把“健康教育”列为学校保健计划的重要内容，特别是从“终身教育”的高度积极倡导“健康教育”。

六、我国健康教育相关机构、课程教学等发展情况

1912 年，我国第一个卫生展览馆成立。

1915 年，中华医学会成立，推选颜福庆为第一任会长，医学会宗旨是向民众普及现代医学科学知识。

1915 年后，多个健康教育学术团体成立。

20 世纪 20 年代，“Health Education”（健康教育）一词被引入我国。

1924 年，健康教育期刊《卫生》创刊。

1929 年至 1946 年，全国有 18 个省、6 个市成立了卫生（教育）委员会，由教育部和卫生部联合支持。

1929 年，北平市成立“学校卫生委员会”，这是我国最早的市级学校健康教育行政机构。

1931 年，中央大学设立“卫生教育科”，培养学校健康教育师资，学制为 4 年，并提供学士学位。

1931 年，中央苏区创办《健康报》。

1936 年，中华健康教育学会在南京成立，朱章庚任首届理事长。

1939 年，“中华健康教育协会”创办。

20 世纪 30 年代，曾使用“卫生宣传”一词。1934 年，徐苏恩主编的《学校健康教

育》和陈志潜编译的《健康教育原理》出版。中华人民共和国成立后，一直使用“卫生宣传”一词。

20世纪50年代，中央和一些省市成立了负责卫生宣传教育工作的专业机构，工作有了一定的发展。

1950年，第一届全国卫生工作会议召开，提出了卫生工作三大方针，其后又加入了“卫生工作与群众运动相结合的方针”。

1951年，卫生部设立卫生宣传处，作为领导全国健康教育和宣传工作的职能机构。

1953年起，全国开展了具有重大意义的“爱国卫生运动”，动员全民参加除害灭病的工作，在除害灭病的过程中建立了“三级卫生保健网”，充实了医生队伍，为初级卫生保健工作奠定了基础，提供了经验。

1964年，在全国范围内基本消灭性病，从而成为当时全世界唯一基本消灭性病的国家。60年代到70年代后期，卫生宣传教育工作和其他工作一样曾经一度处于低潮，到70年代后期才逐渐得到恢复。

1977年，卫生部重新设立了卫生宣传办公室。

20世纪80年代初，医学院校开始创立健康教育专业。20世纪80年代中期，我国健康教育的专业理念逐步确立，而健康教育事业的第一个大发展时期是在20世纪80年代后期和90年代。

1984年，“中国卫生宣传教育协会”成立。从1984年开始，我国政府主管部门正式将英文“Health Education”一词翻译为“健康教育”，正式引用“健康教育”一词，各地也开始出现了“健康教育所”“健康教育馆”“健康教育教研室”等健康教育专业机构名称。上海医科大学、北京医科大学、河北省职工医学院是第一批创办健康教育专业的大专院校，并开始培养健康教育专业的本科和大专学历的学生。

1986年，中国健康教育研究所正式建立，标志着一个比较完整的健康教育组织体系的形成。

1988年，我国出版了第一部《健康教育学》专著，有了自己编写的健康教育理论书籍，为我国健康教育理论发展起到了重要作用。

1990年，中国卫生宣传教育协会更名为中国健康教育协会。

1991年，天津师范大学开设了健康教育专业大专班，之后上海、江苏、北京、广东等地也相继开设健康教育学课程。当时，健康教育学课程主要开设于卫生学校等专科学校。华西医科大学、北京医科大学、同济医科大学等高等学府相继创办了健康教育的专科学习，开展了健康教育专业队伍建设。

1993年，健康教育学曾作为“预防医学类”“预防医学专业”下的一个专业方向进行设置。

2002年，从中央到地方的健康教育专业机构与同级其他预防医学/公共卫生机构组成了疾病预防控制中心。

2002年，原卫生部教材办公室将健康教育学列入规划教材编写计划。

“十一五”期间，国家各部委出台了《全国健康教育专业机构工作法案》等相关政策，提出“让每位医生不仅仅是治疗者更是健康促进者、保护者”的目标，开启了健康教育学的快速发展阶段。

2009 年，中国健康教育协会更名为专业性研究机构“中国健康促进和教育协会”。

2009 年，中国健康教育所更名为“中国健康教育中心”，其主要任务是科学研究、业务指导、专业人才培养以及基础理论研究和开发研究，为国家制定当前和长远的健康教育战略及为全国各级健康教育专业机构提供科研和业务指导。

2016 年 10 月 25 日，中共中央、国务院印发《“2030 健康中国”规划纲要》，提出“健全健康促进与健康教育体系”，健康教育作为慢病管理的重要手段被提升到战略高度，开启了健康中国建设新征程。

2020 年 6 月 1 日起实施的《中华人民共和国基本医疗卫生与健康促进法》，更是首次以法律的形式明确了健康教育的重要地位，提出要“加强健康教育工作及其专业人才培养”，且“医疗卫生人员在提供医疗卫生服务时，应当对患者开展健康教育”。

21 世纪，我国医学院校、体育院校等都开设了健康教育课程。

案例2　健康教育学

【关键词】健康教育、健康行为、健康管理

【适用课程】健康教育学、大学体育与健康、体育保健学、学校体育学等

【案例知识点】健康行为、健康管理、健康促进、行为学、心理学、预防医学

【摘　要】本案例通过梳理健康教育学的理论基础、学科架构等，以帮助学生全面、深入地了解健康教育学的课程体系。

第一部分　健康教育学的理论基础

健康教育学涉及多个学科领域，其主要理论涉及行为学、管理学、预防医学等。

一、行为学理论

（一）行为

行为是指一个人在特定情境下所表现出的动作或举止。行为可以是有意识的，也可以是无意识的。它可以是个体对外界刺激的反应，也可以是个体内心感受、内在情绪和主观意愿的表达。行为可以通过肢体动作、语言、表情、声音等方式来展现。行为是人类与周围环境进行交互的方式，也是人类个体的社会适应和个性表达的重要方式。人的行为由五个基本要素构成，即行为主体、行为客体、行为环境、行为手段和行为结果。

健康行为是指人在日常生活中为了增强体质、维持与促进身心健康和避免疾病而采取的行为。

（二）有益健康的行为

有益健康的行为有以下4类，见表2－1。

表2－1　有益健康的行为

序号	类型	有益健康的行为
1类	日常健康行为	合理营养、充足睡眠、适量运动、心理平衡等
2类	保健行为	均衡饮食、戒烟、适量饮酒等
3类	预防性行为	定期体检、管理压力等
4类	改变危害健康的行为	戒酒、戒赌、作息规律等

（三）危害健康的行为

危害健康的行为按严重程度可分为以下4类，见表2－2。

表 2－2　危害健康的行为

序号	程度	危害健康的行为
1	严重	吸毒、酗酒、严重的心理健康、自杀等
2	常见	吸烟、暴饮暴食、作息不规律等
3	易忽略	久坐、饮食、用药、情绪控制等
4	忽略	长时间的不运动、睡眠不足等

（四）与健康教育相关的行为学理论

与健康教育相关的行为学理论及模式汇总情况，见表 2－3 和图 2－1。

表 2－3　健康行为理论及模式汇总表

序号	健康行为理论及模式
1	知信行模式（Knowledge Attitude Belief Practice，简称 KABP）
2	跨理论模型/行为分阶段改变理论（Transtheoretical Model of Behavior，简称 TTM）
3	健康信念模式（Health Belief Model，简称 HBM）
4	保护动机理论（Protection Motivation Theory，简称 PMT）
5	自我效能理论（Self－Efficacy Theory）
6	信息—动机—行为技巧模型（Information－Motivation－Behavioral Skills Model，简称 IBM）
7	健康行为改变整合理论（Integrated Theory of Health Behavior Change，简称 ITHBC）
8	健康行动过程取向理论（Health Action Process Approach，简称 HAPA）
9	计划行为理论（Theory of Planned Behavior，简称 TPB）
10	理性行为理论（Theory of Reasoned Action，简称 TRA）
11	社会学习理论（Social Learning Theory）

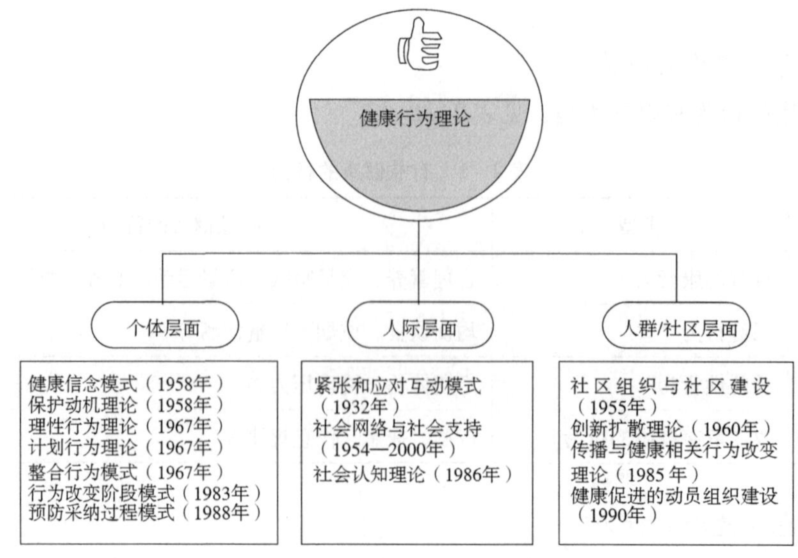

图 2－1　健康行为理论及层次

二、管理学理论

（一）管理

管理是指在特定的环境条件下，以人为中心，通过计划、组织、指挥、协调、控制及创新等手段，对组织所拥有的人力、物力、财力、信息等资源进行有效的决策、计划、组织、领导、控制，以期高效地达到既定组织目标的过程。

（二）健康管理

健康管理是指针对健康需求对健康资源进行计划、组织、指挥、协调和控制的过程，也就是对个体和群体健康进行全面监测、分析、评估，提供健康咨询和指导及对健康危险因素进行干预的过程。

健康管理是20世纪50年代末最先在美国提出的概念，其核心内容为医疗保险机构及医疗服务机构通过对其医疗保险客户（包括疾病患者或高危人群）或医疗服务客户，开展系统的健康管理，达到有效控制疾病的发生或发展，显著降低出险概率和实际医疗支出，从而达到减少医疗保险赔付损失的目的。

日本健康管理始于1959年，源于解决农村就医难问题，最早在八千穗村建立人手一册的健康手册，进行健康诊断，记载健康相关情况等，后普及全国。

健康管理的重点是“生活方式管理”，见图2－2。健康管理的基本步骤见图2－3。

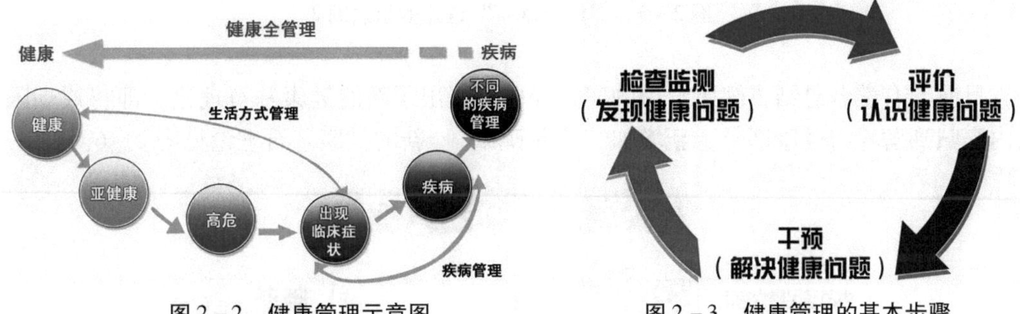

图2－2　健康管理示意图　　图2－3　健康管理的基本步骤

（三）健康管理的主要内容

目前，健康管理的内容体系主要是依据世界卫生组织（WHO）提出的“健康基石理论”。1992年，世界卫生组织发布的《维多利亚宣言》提出了“健康基石理论”，即合理膳食、科学运动、戒烟酒、心理平衡。见图2－4和图2－5。

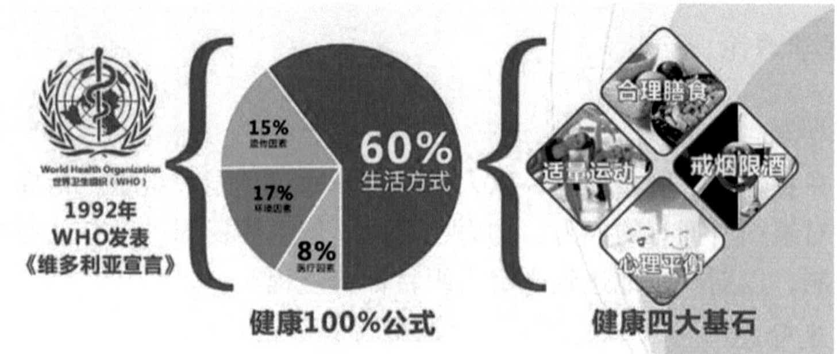

图 2-4 “健康基石”理论的示意图 1

图 2-5 “健康基石”理论的示意图 2

目前，有学者总结了健康管理的实践经验，提出了新的健康基石理论，即将戒烟限酒的内容归到营养与健康部分，新增加“充足睡眠”。新的健康基石理论见图 2-6。

图 2-6 新健康基石理论示意图

（四）与健康教育相关的管理学理论

与健康教育相关的管理学理论汇总情况，见表 2-4。

表2-4　与健康教育相关的管理学理论

序号	管理学理论	研究内容
1	科学管理理论（Scientific Management Theory）	由弗雷德里克·泰勒提出，强调通过科学方法研究和分析工作过程，以提高效率和生产力
2	行为科学理论（Theory of Behavioral Science）	强调员工的行为和动机对组织绩效的影响，包括人际关系、领导和团队合作等方面的研究
3	系统理论（Fundamentals of System）	将组织视为一个相互关联的系统，强调组织内外部环境的相互作用和影响
4	决策理论（Theory of Decision-Making）	研究组织中的决策过程和决策者的行为，包括决策制定、风险管理和决策评估等方面的内容
5	战略管理理论（Strategic Management Theory）	研究组织如何制定和实施战略，以实现长期目标和竞争优势
6	领导理论（Leadership Theory）	研究领导者的行为和影响力，包括领导风格、领导力发展和领导者与员工关系等方面的内容
7	人力资源管理理论（Human Resource Management Theory）	研究如何招聘、培训、激励和管理员工，以实现组织目标
8	变革管理理论（Change Management Theory）	研究如何管理组织变革过程，包括变革的规划、实施和评估等方面的内容
9	绩效管理理论（Performance Management Theory）	研究如何评估和提高员工和组织的绩效，包括绩效评估、激励机制和绩效改进等方面的内容
10	组织行为理论（Organizational Behavior Theory）	研究组织中的个体和群体行为，包括组织文化、组织结构和组织变革等方面的内容

（五）健康管理的模式

健康管理的模式汇总情况，见表2-5。

表2-5　健康管理的模式

序号	模式	作用
1	个体化健康管理模式	根据个体的健康状况、生活习惯、基因等因素，制订个性化的健康管理方案，包括定期体检、饮食调整、运动计划等
2	社区健康管理模式	在社区层面组织健康管理活动，包括健康讲座、体检、健康咨询等，以提高社区居民的健康意识和健康水平

续 表

序号	模式	作用
3	在线健康管理模式	通过互联网和移动应用等技术手段，为用户提供在线健康管理服务，包括健康咨询、健康监测、健康评估等
4	慢性病管理模式	针对慢性病患者，通过定期随访、药物管理、生活方式调整等手段，帮助患者控制病情，延缓病情发展
5	健康促进模式	通过开展健康教育、健康宣传、健康活动等，提高公众的健康意识和健康行为，促进整个社会的健康水平
6	企业健康管理模式	企业为员工提供健康管理服务，包括健康体检、健康咨询、健康保险等，以提高员工的健康状况和工作效能
7	全程健康管理模式	通过整合医疗资源、建立健康档案、实施健康干预等手段，为个体提供全程的健康管理服务，以预防疾病、延缓衰老、提高生活质量

三、预防医学理论

（一）预防医学及三级预防体系

预防医学是一种旨在预防疾病发生、减少疾病风险以及提高健康水平的医学。其主要目标是通过采取措施来预防疾病的发展，而不仅仅是治疗疾病。预防医学倡导的疾病三级预防（Tertiary Prevention）体系见表 2－6、图 2－7。

表 2－6　疾病的三级预防体系

序号	级别、程度
1	一级预防（Primary Prevention），亦称为病因预防
2	二级预防（Secondary Prevention），亦称“三早”预防，即早发现、早诊断、早治疗
3	三级预防（Tertiary Prevention），亦称临床预防

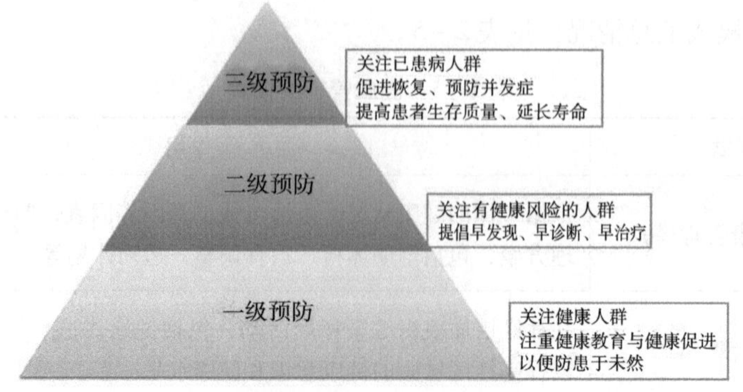

图 2－7　疾病三级预防（Tertiary Prevention）体系

（二）与健康教育相关的预防医学理论

与健康教育相关的预防医学理论汇总情况，见表2－7。

表2－7　与健康教育相关的预防医学理论

序号	预防医学理论	要义
1	社会认知理论（Social Cognition Theory）	个体的行为是由其对健康威胁和益处的认知所驱动
2	健康信念模型（Health Faith Models）	个体的健康行为是由他们对健康威胁、健康益处、自我效能和行为障碍的认知所决定的
3	生态学模型（Ecological Model）	个体的健康行为是由多个层面的因素相互作用所决定的，包括个体层面、人际关系层面、社区层面和社会层面
4	社会学习理论（Social Learning Theory）	个体通过观察和模仿他人的行为来学习
5	行为变更模型（Behavior Change Model）	模型提供了一种系统的方法来理解个体在采取健康行为时所经历的阶段

四、其他相关理论

健康教育学涉及多个学科。在实践中，一些相关学科的理论也对其有着较大的影响，如传播学经典理论——健康教育KAP模型（知信行理论模式）。知信行理论模式（Knowledge，Attitude/Belief，Practice，简称KAP）为知行合一的健康传播学经典理论。它是解释个人知识和信念如何影响健康行为改变的最常用的模式，由英国公共卫生健康教育专家柯斯特（G. Gust）于20世纪60年代提出。该理论将人类行为的改变分为获取知识（Knowledge）、产生态度（Attitude）及信念（Belief）和形成行为或行动（Practice）三个连续过程。三者间存在辩证关系，其中知识是行为改变的基础，信念和态度是行为改变的动力，即首先应让人们了解有关的健康知识，建立起积极、正确的态度与信念，然后才有可能主动地形成有益于健康的行为，改变危害健康的行为。见图2－8。

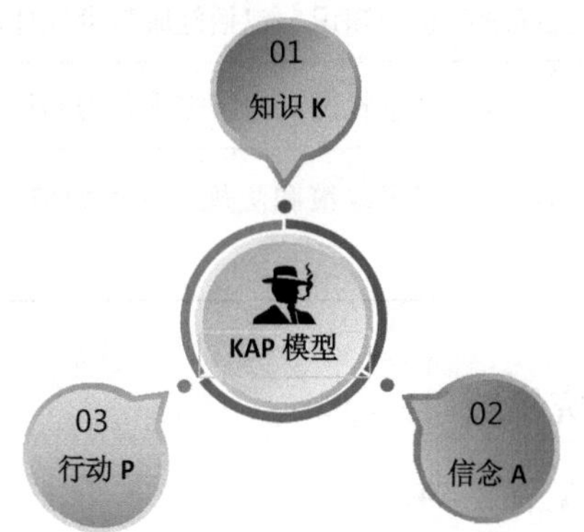

图2－8　健康教育KAP模型（知信行理论模式）

第二部分　健康教育学的内容体系

一、健康教育学简介

健康教育即通过有计划、有组织、有系统的信息传播和行为干预，促使个体或群体掌握健康知识，树立健康信念，自觉采纳有益于健康的行为和生活方式。

健康教育学是一门研究保健知识和技术，借此影响个体和群体行为，消除危险因素，预防疾病，促进健康的科学。它与健康教育实践关系密切，通过传播健康信息，向社会、家庭和个人传授卫生保健知识，提高个体自我保健能力，促使其养成健康行为，纠正不良习惯，消除危险因素，防止疾病发生，促进健康和提高生活质量。

二、健康教育学的内容构成

健康教育学的知识构成见表2－8。通过学习健康教育学的相关知识，可以帮助个体和社区提高健康水平，预防和控制疾病，提高生活质量。

表2－8　健康教育学的知识构成

序号	知识构成	具体内容
1	健康知识	了解身体结构和功能、疾病预防和控制、营养和饮食、心理健康等方面的知识
2	健康行为	研究个体和社区的健康行为，包括运动、饮食、卫生习惯、药物使用等方面的情况
3	健康管理	针对健康需求对健康资源进行计划、组织、指挥、协调和控制，对个体和群体健康进行监测、分析、评估，提供健康咨询和指导，对健康危险因素进行干预
4	健康促进	通过教育和宣传活动来提高人们的健康意识和行为，包括健康教育计划的设计和实施
5	健康沟通	有效地传达健康信息和知识，包括健康教育媒体的使用和健康沟通技巧的培养
6	健康评估	评估个体和社区的健康状况和健康需求，为制订健康教育计划提供依据
7	健康政策	研究国家和地区的健康政策和法规，探讨如何通过政策和法规来促进健康教育的发展

三、健康教育学的研究领域

健康教育学的研究领域见表2－9。

表2－9　健康教育学的研究领域

序号	研究领域	具体内容
1	健康教育理论	健康教育的理论基础和原则，包括健康促进、疾病预防、健康行为改变等方面的理论模型和框架。其中比较有影响力的理论包括社会认知理论、自我效能理论、行为变更理论等
2	健康教育策略	有效的健康教育策略和方法，包括群体教育、个体辅导、媒体宣传、社区干预等。研究表明，多种策略的结合可以提高健康教育的效果
3	健康教育评价	健康教育的评价方法和指标体系，包括知识、态度、行为等方面的评价。研究表明，有效的评价可以帮助健康教育者了解教育效果，并对教育策略进行改进
4	健康教育实践	健康教育的实践经验和案例，包括学校健康教育、社区健康促进、职业健康教育等。研究表明，有效的健康教育实践可以提高人们的健康素养和健康行为

案例3　健康素养及测评

【关键词】健康素养、中国公民健康素养66条

【适用课程】健康教育学、大学体育与健康、体育保健学、学校体育学等

【案例知识点】健康素养、中国公民健康素养66条、测试与评估

【摘　要】本案例重点对健康素养的概念、健康素养与健康促进的关系等进行阐述，分析了中国居民健康素养调查的结果，介绍了中国居民健康素养调查2008年版、2015年版、2024年版的内容，并介绍了测试和评估方法，以帮助学生了解和掌握“中国公民健康素养66条”的测试及评价方法。

第一部分　健康素养及中国居民健康素养调查

一、健康素养概念

健康素养是指个人获取和理解基本健康信息和服务，并运用这些信息和服务做出正确决策，以维护和促进自身健康的能力。

二、我国对居民健康素养的监测体系

我国从2008年开始在全国开展健康素养监测，逐步建立起连续、稳定的健康素养监测系统。2008年，卫生部颁布了《健康66条——中国公民健康素养读本》，提出中国公民应该具备的健康素养，其中包括健康基本知识和理念、健康生活方式与行为以及基本的健康技能。

国家卫生计生委2014年4月正式印发《全民健康素养促进行动规划（2014—2020年）》。

2019年7月，国务院成立健康中国行动推进委员会，负责推进《健康中国行动（2019—2030年）》相关工作；2021年12月，国家卫生健康委等机构制定《国家职业病防治规划（2021—2025年）》。二者均将职业健康知识知晓率列为重要考核指标。

全国重点人群职业健康素养监测统计调查工作已被纳入《中国居民及重点人群健康素养监测统计调查制度》，由国家卫生健康委制定，国家统计局2022年1月批准实施。科学权威的职业健康素养核心信息是开展职业健康素养监测统计调查和实施健康促进干预措施的工作基础，对于普及职业健康知识、提高职业健康素养水平至关重要。受国家卫生健康委职业健康司委托，中国疾控中心职业卫生所组织本领域专家编制了《中国劳动者职业健康素养——基本知识和技能（2022年版）》。

全民健康是一个国家综合实力的体现，是民族昌盛和国家富强的重要标志。习近平总书记指出：“没有全民健康，就没有全面小康。”我国坚持把健康摆在优先发展的战略地

位，作出了实施健康中国战略的重大决策部署。新时代卫生健康工作方针已明确将健康融入所有政策中。

三、健康素养与健康促进的关系

健康素养是健康促进的首要条件。《“健康中国2030”规划纲要》提出，到2030年，居民健康素养水平要从现在的10%提高到30%，将健康教育纳入国民教育体系，全面推进控烟履约，15岁以上人群吸烟率降低到20%。

健康素养是健康的重要决定因素，受政治、经济、文化、教育等因素的影响和制约，是经济社会发展水平的综合反映。世界卫生组织研究表明，健康素养与人群健康水平、预期寿命密切相关，是预测人群健康状况的较强指标；提高公众健康素养可有效减少健康不公平，显著降低社会成本；提高公众健康素养可显著改变慢性病患者健康结局；建议政府将健康素养纳入公共政策，将提高国民健康素养作为卫生和教育等政策的明确目标。

四、中国居民健康素养调查2008年版、2015年版、2024年版

2008年，卫生部发布了《中国公民健康素养——基本知识与技能（试行）》。2015年，根据我国居民主要健康问题和健康需求的变化，国家卫生计生委编制了《中国公民健康素养——基本知识与技能（2015年版）》。

2024年，国家卫生健康委新颁布了《中国公民健康素养——基本知识与技能（2024年版）》。

第二部分　对中国居民健康素养监测结果的分析

中国居民健康素养监测覆盖全国31个省（自治区、直辖市，不含港、澳、台地区）的336个县（区）1008个乡镇（街道），对象为15~69岁的常住人口。

一、2008年首次中国居民健康素养的调查结果

2008年首次在全国范围内开展了中国公民健康素养监测工作，调查结果依据《2005年全国1%人口抽样调查资料》的数据进行标准化处理。调查结果显示：仅有6.48%的居民健康素养水平达标，居民具备基本知识和理念、健康生活方式与行为、基本技能三方面素养的比例分别是14.97%、6.93%和20.39%，见表3-1。

表3-1　2008年中国居民具备健康素养的比例（%）

组别	健康素养	基本知识和理念	健康生活方式与行为	基本技能
城市	9.94	21.13	10.45	28.36
农村	3.43	9.52	3.83	13.37
合计	6.48	14.97	6.93	20.39

二、2022年我国居民健康素养的调查结果

2022年我国居民健康素养水平达到27.78%，比2021年提高2.38个百分点，呈现稳

步提升态势。

监测结果显示：2022 年全国城市居民健康素养水平为31.94%，农村居民为23.78%，较2021 年分别增长1.24 和1.76 个百分点。

东、中、西部地区居民健康素养水平分别为31.88%、26.70%和22.56%，较2021 年分别增长1.48、2.87 和3.14 个百分点。

城乡居民基本知识和理念素养水平为41.26%，健康生活方式与行为素养水平为30.63%，基本技能素养水平为26.00%，较2021 年分别提升3.60、2.58、1.72 个百分点。6 类健康问题素养水平由高到低依次为：安全与急救素养为58.51%、科学健康观素养为53.55%、健康信息素养为39.81%、慢性病防治素养为28.85%、传染病防治素养为28.16%和基本医疗素养为27.68%。

通过对比数据得知，2022 年居民各类健康问题素养均有不同程度提升，其中，健康信息素养水平增幅最大，较2021 年提升了3.88 个百分点。

2012—2021 年中国居民健康素养水平（%）增长趋势，见图3－1。

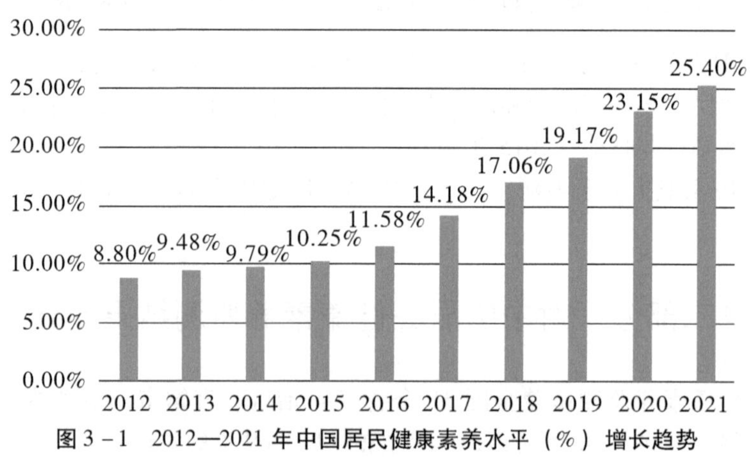

图3－1　2012—2021 年中国居民健康素养水平（%）增长趋势

三、我国居民健康素养水平的追踪调查分析

近12 年的追踪调查结果显示，我国居民的健康素养水平呈现持续上升的趋势，至2022 年，达到27.78%，见表3－2。

表3－2　我国居民健康素养水平的追踪调查结果

序号	时间	健康素养水平	监测范围	监测对象
1	2008	6.48%	31 个省（自治区、直辖市，不含港、澳、台地区）的336 个县（区）共1008 个乡镇（街道）监测点。其中：城市监测点150 个，农村监测点186 个；东部监测点126 个，中部监测点96 个，西部监测点114 个。	15～69 岁城乡居民
2	2012	8.80%		
3	2013	9.48%		
4	2014	9.79%		
5	2015	10.25%		
6	2016	11.58%		

续　表

序号	时间	健康素养水平	监测范围	监测对象
7	2017	14. 18%	31 个省（自治区、直辖市，不含港、澳、台地区）的 336 个县（区）共 1008 个乡镇（街道）监测点。其中：城市监测点 150 个，农村监测点 186 个；东部监测点 126 个，中部监测点 96 个，西部监测点 114 个。	15 ~ 69 岁城乡居民
8	2018	17. 06%		
9	2019	19. 17%		
10	2020	23. 15%		
11	2021	25. 40%		
12	2022	27. 78%		

第三部分　中国公民健康素养——基本知识与技能（2024 年版）

一、基本知识和理念

1. 健康不仅仅是没有疾病或虚弱，而是身体、心理和社会适应的良好状态。预防是促进健康最有效、最经济的手段。

2. 公民的身心健康受法律保护，每个人都有维护自身健康和不损害他人健康的责任。

3. 主动学习健康知识，践行文明健康生活方式，维护和促进自身健康。

4. 环境与健康息息相关，保护环境，促进健康。

5. 无偿献血，助人利己。

6. 每个人都应当关爱、帮助、不歧视病残人员。

7. 定期进行健康体检。

8. 血压、体温、呼吸和心率是人体的四大生命体征。

9. 传染源、传播途径和易感人群是传染病流行的三个环节，防控传染病人人有责。

10. 儿童出生后应按照免疫程序接种疫苗，成年人也可通过接种疫苗达到预防疾病的效果。

11. 艾滋病、乙肝和丙肝通过血液、性接触和母婴三种途径传播，日常生活和工作接触不会传播。

12. 出现咳嗽、咳痰 2 周以上，或痰中带血，应及时检查是否得了肺结核；坚持规范治疗，大部分肺结核患者能够治愈。

13. 家养犬、猫应接种兽用狂犬病疫苗；人被犬、猫抓伤、咬伤后，应立即冲洗、消毒伤口，并尽早注射狂犬病人免疫球蛋白（或血清或单克隆抗体）和人用狂犬病疫苗。

14. 蚊子、苍蝇、老鼠、蟑螂等会传播多种疾病。

15. 不加工、不食用病死禽畜。不猎捕、不买卖、不接触、不食用野生动物。

16. 关注血压变化，控制高血压危险因素，高血压患者要做好自我健康管理。

17. 关注血糖变化，控制糖尿病危险因素，糖尿病患者要做好自我健康管理。

18. 关注肺功能，控制慢阻肺危险因素，慢阻肺患者要做好自我健康管理。

19. 积极参加癌症筛查，及早发现癌症和癌前病变。

20. 预防骨质疏松症，促进骨骼健康。

21. 关爱老年人，预防老年人跌倒，识别老年期痴呆。

22. 关爱青少年和女性生殖健康，选择安全、适宜的避孕措施，预防和减少非意愿妊娠，保护生育能力。

23. 劳动者依法享有职业健康保护的权利；劳动者要了解工作岗位和工作环境中存在的危害因素（如粉尘、噪声、有毒有害气体等），遵守操作规程，做好个人防护，避免职业健康损害。

24. 保健食品不是药品，正确选用保健食品。

二、健康生活方式与行为

1. 体重关联多种疾病，要吃动平衡，保持健康体重，避免超重与肥胖。

2. 膳食应以谷类为主，多吃蔬菜、水果和薯类，注意荤素、粗细搭配，不偏食，不挑食。

3. 膳食要清淡，要少盐、少油、少糖，食用合格碘盐。

4. 提倡每天食用奶类、大豆类及其制品，适量食用坚果。

5. 生、熟食品要分开存放和加工，生吃蔬菜水果要洗净，不吃变质、超过保质期的食品。

6. 珍惜食物不浪费，提倡公筷分餐讲卫生。

7. 注意饮水卫生，每天足量饮水，不喝或少喝含糖饮料。

8. 科学健身，贵在坚持。健康成年人每周应进行 150 ~ 300 分钟中等强度或 75 ~ 150 分钟高强度有氧运动，每周应进行 2 ~ 3 次抗阻训练。

9. 不吸烟（含电子烟），吸烟和二手烟暴露会导致多种疾病。电子烟含有多种有害物质，会对健康产生危害。

10. 烟草依赖是一种慢性成瘾性疾病。戒烟越早越好。任何年龄戒烟均可获益，戒烟时可寻求专业戒烟服务。

11. 少饮酒，不酗酒。

12. 重视和维护心理健康，遇到心理问题时应主动寻求帮助。

13. 每个人都可能出现焦虑和抑郁情绪，正确认识焦虑症和抑郁症。

14. 通过亲子交流、玩耍促进儿童早期发展。发现心理行为发育问题应及时就医。

15. 劳逸结合，起居有常，保证充足睡眠。

16. 讲究个人卫生，养成良好的卫生习惯，科学使用消毒产品，积极预防传染病。

17. 保护口腔健康，早晚刷牙，饭后漱口。

18. 科学就医，及时就诊，遵医嘱治疗，理性对待诊疗结果。

19. 合理用药，能口服不肌注，能肌注不输液，遵医嘱使用抗微生物药物。

20. 遵医嘱使用麻醉药品和精神药品等易成瘾性药物，预防药物依赖。

21. 拒绝毒品。

22. 农村使用卫生厕所，管理好禽畜粪便。

23. 戴头盔、系安全带；不超速、不酒驾、不分心驾驶、不疲劳驾驶；儿童使用安全座椅，减少道路交通伤害。

24. 加强看护和教育，预防儿童溺水，科学救助溺水人员。

25. 冬季取暖注意通风，谨防一氧化碳中毒。

26. 主动接受婚前和孕前保健，适龄生育，孕期遵医嘱规范接受产前检查和妊娠风险筛查评估，住院分娩。

27. 孩子出生后应尽早开始母乳喂养，满 6 个月时合理添加辅食。

28. 青少年要培养健康的行为生活方式，每天应坚持户外运动 2 小时以上，应较好掌握 1 项以上的运动技能，预防近视、超重与肥胖，避免网络成瘾和过早性行为。

三、基本技能

1. 关注健康信息，能够正确获取、理解、甄别、应用健康信息。
2. 会阅读食品标签，合理选择预包装食品。
3. 会识别常见危险标识，远离危险环境。
4. 科学管理家庭常用药物，会阅读药品标签和说明书。
5. 会测量脉搏、体重、体温和血压。
6. 需要紧急医疗救助时，会拨打 120 急救电话。
7. 妥善存放和正确使用农药，谨防儿童接触。
8. 遇到呼吸、心搏骤停的伤病员，会进行心肺复苏，学习使用自动体外除颤器（AED）。
9. 发生创伤出血时，会进行止血、包扎；对怀疑骨折的伤员不要随意搬动。
10. 会处理烧烫伤，会用腹部冲击法排出气道异物。
11. 抢救触电者时，要首先切断电源，不要直接接触触电者。
12. 发生建筑火灾时，拨打火警电话 119，会自救逃生。
13. 发生滑坡、崩塌、泥石流等地质灾害和地震时，选择正确避险方式，会自救互救。
14. 发生洪涝灾害时，选择正确避险方式，会自救互救。

案例4　《世界卫生组织关于身体活动和久坐行为指南》

【关键词】 世界卫生组织、身体活动、久坐行为

【适用课程】 健康教育学、大学体育与健康、体育保健学、学校体育学等

【案例知识点】 身体活动、久坐行为、有氧运动、力量练习、中等强度

【摘要】 本案例重点介绍了《世界卫生组织关于身体活动和久坐行为指南》，并重点分析了不同人群身体活动的建议及久坐行为问题的建议。

世界卫生组织（WHO）等权威机构的研究显示，身体活动和久坐行为与健康关系非常密切。进行定期身体活动及维持推荐活动水平，能获得突出的健康效益。

一、《世界卫生组织关于身体活动和久坐行为指南》简介

（一）背景介绍

2020 年 11 月 25 日，世界卫生组织（World Health Organization，简称 WHO）发布了最新的《世界卫生组织关于身体活动和久坐行为指南》（*WHO guidelines on Physical Activity and Sedentary Behaviour*，以下简称《指南》），如图 4－1 所示。《指南》针对儿童、青少年、成年人和老年人等不同年龄群体，孕妇和产后妇女以及患有慢性疾病或残疾的人，分别提供了有关身体活动和久坐行为最新的具体建议，强调每个人，不论年龄和能力，都可以进行身体活动，而且每种活动方式都有用。

图 4－1　《指南》图示

据估计，全球27.5%的成年人和81%的青少年都没有达到2010年世界卫生组织建议的身体活动水平，且过去十年中几乎没有任何改善。不平等现象也很明显。数据显示，大多数国家中儿童和妇女不如男童和男子活跃，经济水平较高和较低的群体之间以及国家和区域之间的身体活动水平差异较大。据估计，在全球范围内这种情况造成540亿美元的直接卫生保健费用和140亿美元的生产力损失。如果全球人口更爱活动，那么每年可避免500万人死亡。

（二）目标宗旨

定期进行身体活动是预防和管理非传染性疾病（NCDS）的关键保护因素，如心血管疾病、2型糖尿病和部分癌症。身体活动还有利于心理健康，包括预防认知功能降低和抑郁焦虑的症状，并有助于维持健康体重和总体幸福感。

（三）应用范围

《指南》为儿童、青少年、成年人和老年人提供基于证据的公共卫生建议，说明获得显著健康收益和减轻健康风险所需的身体活动量（频率、强度和维持时间）。该《指南》首次就久坐行为与健康结果之间的关系以及对孕妇和产后妇女等亚群体、慢性病患者或残疾人的关系提出了建议。见图4－2。

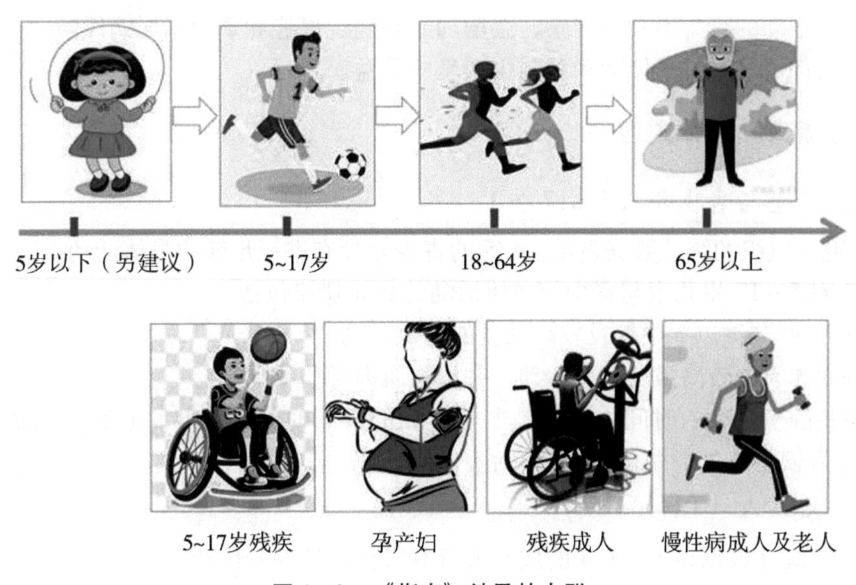

图4－2　《指南》涉及的人群

（四）推行主体

该《指南》针对高收入、中等收入和低收入国家的卫生、教育、青少年、体育部门和社会家庭福利相关政府部门的政策制定者；负责制订国家、地区或市级计划，通过指导文件让各类人群增加身体活动、减少久坐行为的政府官员；非政府组织、教育行业、私营部门、科研界从业人员、卫生保健提供者。

（五）制定过程

该《指南》根据《世卫组织指南制定手册》编写，2019年成立了《指南》制定小组

（GDG），成员包括世界卫生组织所有六个区域的技术专家和利益相关方。小组于 2019 年 7 月召开会议，确定关键问题，审定证据基础，商定文献更新以及必要时再做审查的方法。2020 年 2 月，GDG 再次举行会议，审查关键重要成果的证据，考虑收益和危害、价值观、偏好、可行性和接受度，以及对公平和资源的影响，在达成共识后制订了这些建议，在网上征求公众意见，并制定了该《指南》。

（六）适合人群

《指南》中提出的公共卫生建议适用于 5 ~ 65 岁及以上的所有人群，不分性别、文化背景或社会经济地位，且无论个人能力如何。有慢性病和/或残疾的人，以及孕妇和产后妇女，应在条件允许的情况下根据自己的能力努力完成建议要求。

二、新版《指南》的关键信息

新版《指南》的 6 个关键信息包括：

1. 身体活动对心脏、身体和精神都有好处。
2. 任何强度的身体活动都比没有好，多多益善。
3. 所有身体活动都有益。
4. 肌肉强化对人人都有益。
5. 久坐不动的行为不利于健康，会增加心脏病、癌症和 2 型糖尿病风险。
6. 人人都可从增加身体活动和减少久坐中受益。

三、《指南》具体内容

（一）儿童与青少年（5 ~ 17 岁）

世界卫生组织的统计数据显示，4/5 的青少年没有进行足够的身体活动。

WHO 对 5 ~ 17 岁儿童与青少年身体活动的具体建议包括：

1. 每天 60 分钟以上中等及较高强度的有氧运动。
2. 每周 3 天的较高强度有氧运动，并增强肌肉骨骼的训练。
3. 限制静坐少动的时间，尤其是电子产品的娱乐时间。肥胖、心脏、睡眠、行为品行/社会行为较差与久坐都有密切的关系。

（二）成年人（18 ~ 64 岁）

WHO 的统计数据显示，1/4 的成年人没有进行足够的身体活动。

缺乏身体活动会导致不良的健康后果。

成年人较多久坐行为与下列不良健康后果有关：心血管疾病、癌症和 2 型糖尿病的发病率。

WHO 对 18 ~ 64 岁成年人，包括有慢性病或残疾的人身体活动的具体意义包括：

1. 定期身体活动。
2. 有氧活动运动量。每周至少进行 150 ~ 300 分钟中等到剧烈的有氧活动，或 75 ~ 150 分钟较高强度的有氧运动，或两种等效组合。
3. 有氧活动最佳运动量。每周中等强度有氧运动可以增加到 300 分钟以上，或 150 分钟以上较大强度的有氧运动，或两种强度的等效组合。

4. 力量练习。每周2天，中等或较高强度的肌肉力量训练。

5. 减少久坐时间。用任何强度（包括低强度）的身体活动来减少久坐时间。

（三）老年人（65岁以上）

WHO的《指南》建议老年人除一般的身体活动外，避免摔倒和骨骼肌肉能力下降，增加平衡和协调能力以及强化肌肉的活动，以帮助防止跌倒和改善健康。

对于老年人来说，身体活动的收益也体现在以下健康结果：改善全因死亡率、心血管疾病死亡率，降低新发高血压、新发位点特异性肿瘤（膀胱癌、乳腺癌、结肠癌、食管腺癌、胃癌和肾癌等特定部位癌症）新发2型糖尿病发病率，心理健康（减少焦虑和抑郁症状）、认知健康和睡眠健康，降低肥胖指数。

WHO对65岁以上老年人的身体活动和久坐行为指南具体包括：

1. 定期身体活动。每周应该进行150～300分钟的中等到剧烈的有氧活动，或75～150分钟的较高强度的有氧运动，或两种等效组合。

2. 每周2天中等或较高强度的肌肉力量训练（主要肌肉群）。

3. 身体活动多样化。每周3天及以上中等或更高强度的功能性平衡和力量训练，以增加功能性能力及防止跌倒。

4. 限制久坐。代替：进行各种强度的身体活动（包括低强度），进行中等强度的身体活动，力求超过建议水平。

（四）特殊人群：妇女（怀孕期间和分娩后）

《指南》鼓励妇女在（无禁忌证）整个怀孕期间和分娩后保持经常的身体活动。

身体活动对母婴健康的好处：先兆流产、妊娠高血压、妊娠糖尿病、妊娠期过度增重、分娩并发症和产后抑郁症的风险降低，新生儿并发症减少，对出生体重无不良影响，早产、死产风险未见增加。

WHO对怀孕期间和分娩后妇女的身体活动和久坐行为具体指南包括：

1. 每周进行至少150分钟中强度的有氧活动，或75～150分钟的较高强度的有氧运动，或两种等效组合。

2. 进行各种有氧和肌肉强化运动，增加轻柔拉伸运动。

3. 怀孕前习惯进行剧烈有氧运动或经常进行身体活动的女性，可在怀孕和产后继续原有活动。

4. 限制久坐时间，改为各种强度的身体活动（包括低强度）。

（五）特殊人群：残疾儿童和青少年（5～17岁）

《指南》强调体育活动对残疾人健康的宝贵益处。身体活动对残疾儿童和青少年的其他收益：因注意力缺陷、多动障碍（ADHD）等导致认知功能受损者，可改善认知能力；智力障碍导致的身体功能问题也能得到改善。

（六）特殊人群：残疾成年人（18岁以上）

身体活动对成年人的健康收益也适用于残疾成年人。

身体活动对残疾人健康的其他好处有：

1. 对患有多发性硬化症的成年人可改善其身体功能，在生理、心理和社会方面带来益处、提高相关生活质量。

2. 对脊髓损伤的成年人可改善步行功能、肌肉力量和上肢功能，提高健康相关生活质量。

3. 对认知功能受损的患者可改善身体功能和认知。

四、基本运动量和最佳运动量

WHO 新版《指南》对不同人群的身体活动提出了基本运动量和最佳运动量建议，一个是维持健康的基本身体活动量，另一个则是可以获得更多健康效益或收益的最佳运动量。见图 4－3。

WHO 新版《指南》对不同人群提出的基本活动量和最佳活动量的区别建议，对不同身体状况人群的运动健康收益有实用性较强的指导意义。

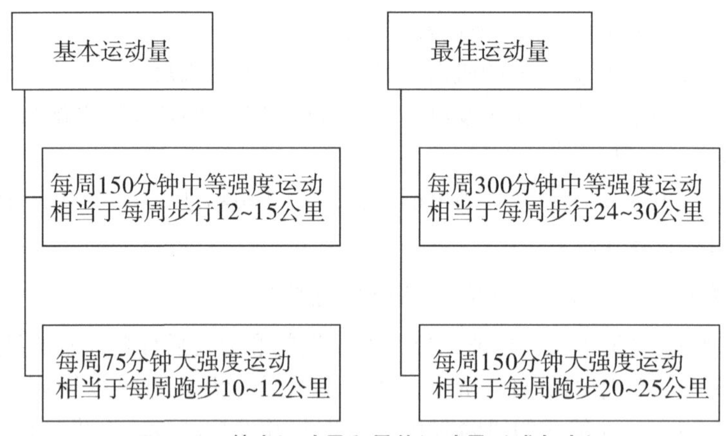

图 4－3　基本运动量和最佳运动量（成年人）

五、不同人群身体活动建议比较

新版《指南》对不同人群的身体活动建议，见表 4－1 和 4－2。

表 4－1　三个不同年龄段人群身体活动建议

建议		不同年龄段人群		
		儿童青少年（5～17 岁）	成年人（18～64 岁）	老年人（65 岁以上）
有氧运动	基本	每天 ＞60 分钟（中—高）	每周 150～300 分钟（中到大）或 75～150 分钟（高）或两种等效组合	每周 150～300 分钟（中到大）或 75～150 分钟（较高）或两种等效组合
	最佳	每周 ＞3 天（高）	每周 ＞300 分钟（中）或 ＞150 分钟（较大）或两种等效组合	每周 ＞300 分钟（中）或 ＞150 分钟（较大）或两种等效组合

续 表

建议		不同年龄段人群		
		儿童青少年（5～17岁）	成年人（18～64岁）	老年人（65岁以上）
力量		肌肉、骨骼训练	每周2天中或较高强度力量训练（各大肌群）	每周2天，中或较高强度肌肉力量训练（各大肌群）
其他				身体活动多样化每周>3天（中）或更高强度的功能性平衡和力量训练
久坐		限制久坐少动时间，尤其屏幕娱乐时间	减少静坐少动时间	限制久坐，各种强度的身体活动（包括低强度）
注意事项				定期活动防止跌倒

表4－2 四种特殊人群及不同年龄段的身体活动及久坐建议汇总表

建议		特殊人群＋不同年龄段人群			
		孕妇和产后妇女	慢性疾病的成年人（18岁以上）和老年人	残疾儿童和青少年（5～17岁）	残疾成年人（18岁以上）
有氧运动	基本	每周>150分钟（中强度）	每周>150～300分钟或75～150分钟较高强度或两种等效组合	每天60分钟中到高有氧活动为主	每周>150～300分钟（中等）或>75～150分钟（较高）或两种等效组合
	最佳		无禁忌可每周>300分钟（中）或150（较高强度）或两种等效组合	每周>3天高强度有氧运动	每周>300分钟（中等）或>150分钟（高强度）或两种等效组合
力量		进行各种有氧和肌肉强化运动	中或较高强度肌肉强化活动（主要肌肉群）每周2天或以上	增强肌肉骨骼运动	1. 多样化活动 2. 侧重中或更高强度的功能性平衡和力量训练，每周3天或以上

续 表

建议	特殊人群 + 不同年龄段人群			
	孕妇和产后妇女	慢性疾病的成年人（18 岁以上）和老年人	残疾儿童和青少年（5～17 岁）	残疾成年人（18 岁以上）
其他	增加轻柔拉伸运动	老年患者多样化活动，侧重中或更高的功能性平衡和力量训练，每周 3 天或以上	1. 少量活动优于不活动 2. 从少量逐渐增加频率、强度、时间 3. 在适合当前活动水平、健康状况和身体机能情况下，进行身体活动且健康收益超过风险 4. 咨询专业人员，确定适合的活动类型和活动量	1. 少量活动优于不活动 2. 从少量逐渐增加频率、强度、时间 3. 在适合当前活动水平、健康状况和身体机能情况下，进行身体活动且健康收益超过风险 4. 咨询专业人员，确定适合的活动类型和活动量
久坐	限制久坐时间，改为进行各种强度的身体活动（包括低强度）	1. 限制久坐时间 2. 改为进行各种强度的身体活动（包括轻微强度） 3. 进行中等到高强度的身体活动，力求超建议水平	限制久坐时间、屏幕娱乐时间	1. 限制久坐时间 2. 改为进行各种强度的身体活动（包括轻微强度） 3. 进行中等到高强度的身体活动，力求超建议水平
注意事项	无禁忌证，孕期和产后经常活动，加强医务监督	1. 若达不到建议水平，应根据自身能力进行活动 2. 从少量逐渐增加频率、强度、时间 3. 应咨询专业人员，确定活动量		

六、新版《指南》的科研空白等

（一）新版《指南》的科研空白

尽管有大量数据支持身体活动与整个生命周期健康结果正相关，以及越来越多证据支持久坐行为与整个生命周期健康结果负相关，但依然存在重要证据的空白，尤其针对低收入和中等收入国家以及贫穷社区或服务不足社区的证据较少，缺乏来自残疾人等亚人群的证据。此外，需要对研究进行更多投资，以积累证据说明身体活动和/或久坐行为与健康结果之间量效曲线的准确形状，轻微强度身体活动的健康收益，以及身体活动与久坐行为和整个生命周期健康结果之间的关系。

（二）采纳与传播

该《指南》提供了针对身体活动和久坐行为对健康影响的循证建议，各国政府可采纳建议，作为国家政策框架的一部分。《指南》由世界卫生组织制定，可供各区域、各国或国家次一级的主管部门采纳。

在采纳过程中，应考虑是否需要依据特定背景做适当调整，以反映当地文化。

《指南》是国家治理结构的核心组成部分，以提高人民健康水平。《指南》为国家和国家以下各级战略规划的制定和优先事项提供参考，要求以适当方式向特定群体传达正确信息。

（三）从《指南》到行动

仅凭《指南》不会让民众的身体活动增加。应将《指南》视为综合政策框架的组成部分，为鼓励身体活动制定方案和应对措施，必须向关键受众传播该《指南》。世界卫生组织建议坚持开展国家层面的宣传活动，加强人们对定期身体活动多种收益的认识和了解，减少久坐行为。但为了让行为改变持续下去，宣传活动必须有配套政策，以创造有利环境并提供参与身体活动的机会。制定支持行为改变的政策和做法时，必须考虑到当地情况，不仅需要考虑卫生系统，还要考虑鼓励身体活动的工作涉及多部门的利益或职能，情况复杂。《2018—2030 年促进身体活动全球行动计划》设定 2030 年身体活动不足现象减少 15% 的目标，并阐述了 20 项政策建议和干预措施。“ACTIVE”是一套在整个生命周期和多种环境状况下促进身体活动的技术工具包，以支持所有国家执行 GAPPA 建议。

（四）监测影响

自 2010 年世界卫生组织关于身体活动有益健康的全球建议提出以来，其一直被用作公众健康监督和监测的基准。对《指南》中的建议所作的修改，将对目前用于监督各国身体活动水平的监测系统和评估工具产生一些影响。全球身体活动问卷（GPAQ）和全球学生健康问卷（GSHS）等对《指南》会予以更新。

两年一次的世界卫生组织非传染性疾病国家能力调查（CCS）是监测全球非传染性疾病政策执行进展的主要工具。CCS 针对《指南》所涵盖的各年龄组的身体活动人口监测系统会提出具体问题。

案例5　健身金字塔

【关键词】运动与健康、健身活动、金字塔结构、有氧运动、力量

【适用课程】健康教育学、大学体育与健康、体育保健学、学校体育学等

【案例知识点】健康体适能、健身活动内容及结构、身体活动、有氧运动、力量、柔韧性

【摘　要】本案例围绕健身活动的内容和结构问题，依据健康体适能的理论，以美国运动医学学会（ACSM）推荐的“健身金字塔”为主，并结合世界卫生组织（WHO）等权威机构的研究结果和建议，对健身活动的内容和结构进行了优化和量化，推荐了最新的“健身金字塔结构”。学习者应结合自身实际情况，设计适合自己的“个性化的健身金字塔”，并应用于健身实践实施。

一、ACSM推荐的“健身金字塔”

“健身金字塔”（Fitness Pyramid）是由美国运动医学学会（ACSM）推荐的。该“健身金字塔”由4个层次组成，每个层次的锻炼内容、练习频度等不尽相同，见图5－1。

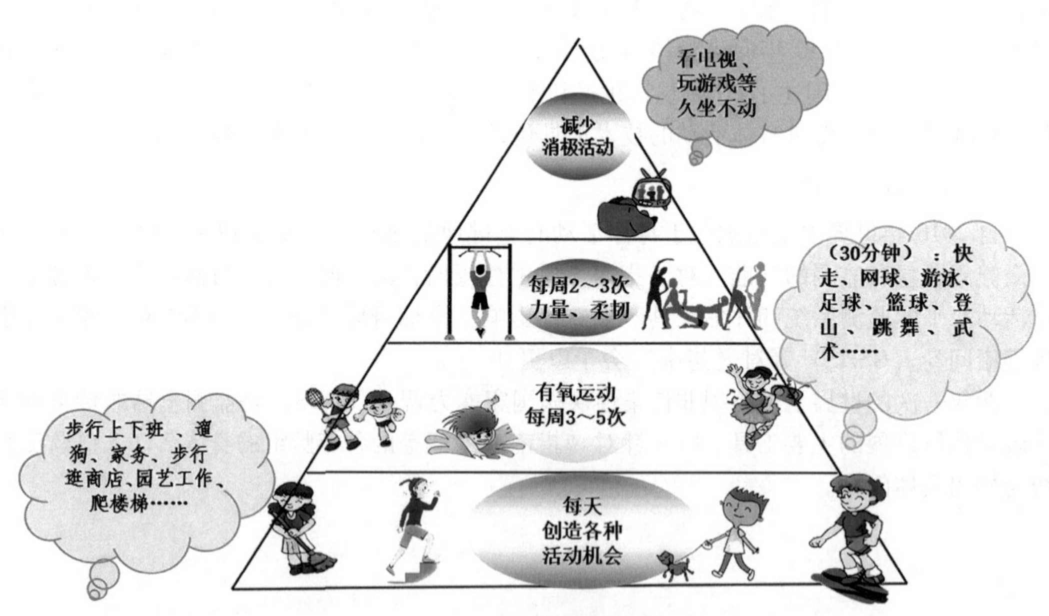

图5－1　ACSM推荐的健身金字塔图示

二、新健身金字塔

国内有学者在ACSM推荐的“健身金字塔”基础上，将“伸展运动”和“肌肉适能运动”分成不同的层次。新健身金字塔分为5层，即生活形态的体能活动、伸展运动、有

氧运动（休闲运动）、肌肉适能运动和静态活动，见图5－2。

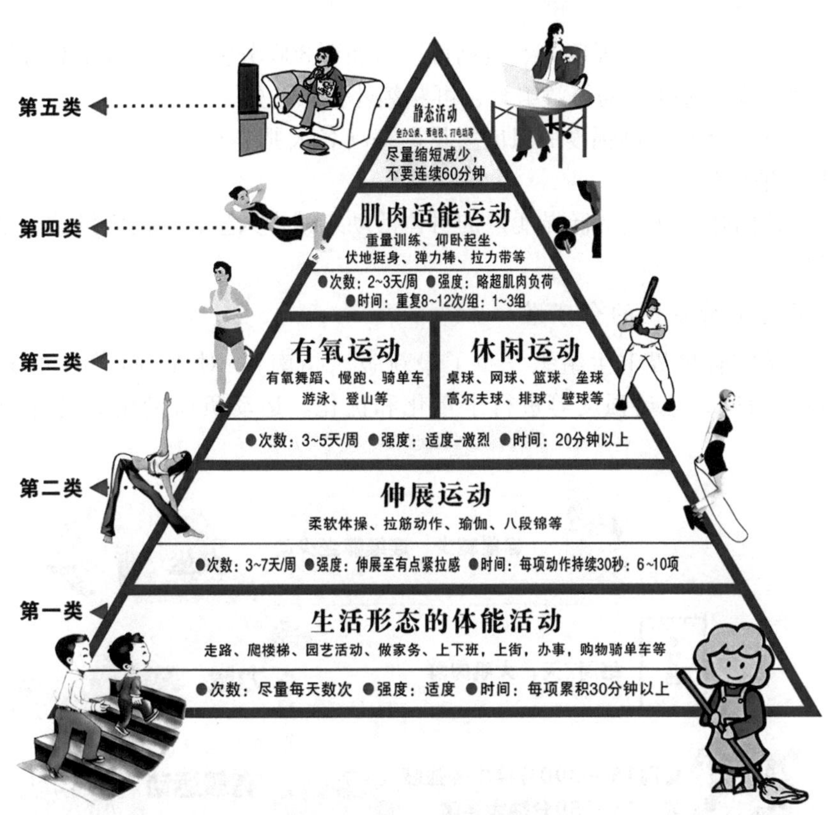

图5－2　新健身金字塔图示

该健身金字塔共分为5层，具体内容如下：

1. 第一层为生活形态的体能活动（每天累计30分钟以上，强度适中）。

2. 第二层为伸展运动（每周5～7次，6～10个动作，每个动作持续30秒，强度为伸展至有拉紧感）。

3. 第三层为有氧运动或休闲运动（每周3～5次，每次时间超20分钟，强度中等偏高）。

4. 第四层为肌肉适能运动（每周2～3次，每10个动作为1组，做1～3组，强度为略超肌肉负荷）。

5. 第五层为静态活动（不超过60分钟）。

三、量化的“健身金字塔”（量化运动时间、运动强度等）

（一）WHO对成年人的身体活动和久坐行为指南

2020年11月25日，世界卫生组织发布了最新版的《世界卫生组织关于身体活动和久坐行为指南》（具体内容见案例3）。

WHO的统计数据显示，1/4的成年人没有进行足够的身体活动。新版《指南》具体建议要点有：

1. 定期身体活动。

2. 每周至少进行 150 ~ 300 分钟中等到剧烈的有氧活动，或 75 ~ 150 分钟的较高强度的有氧运动，或两种等效组合，更有益健康。

3. 每周 300 分钟的中等强度有氧运动可以增加到 300 分钟以上，或 150 分钟以上较大强度有氧运动。或两种强度的等效组合，可获额外健康益处。

4. 每周 2 天中等或较高强度的肌肉力量训练（各大肌群）。

5. 限制久坐行为。

代之以用任何强度（包括低强度）的身体活动来减少久坐，中高强度的运动有助于减轻久坐的危害。

（二）运动负荷量化的金字塔

本教学团队结合世界卫生组织发布了最新版《指南》，对 ACSM 推荐的健身金字塔（图 4）的运动时间、运动强度等进行了量化和优化。运动负荷量化的健身金字塔见图 5-3。

图 5-3　运动负荷量化健身金字塔图示（量化运动时间、运动强度等）

运动负荷量化的健身金字塔包括 4 层，具体内容如下：

最底层为日常身体活动（每天创造机会增加身体活动）。

第二层为有氧运动（每周 150 ~ 300 分钟中等强度，或 75 ~ 150 分钟大强度）。

第三层为力量和柔韧性练习（每周 2 天，大肌肉群）。

第四层为限制久坐行为（尽量减少连续静坐少动时间，使其不超过 1 小时）。

案例6　运动安全：运动风险评估（心血管意外）

【关键词】运动安全、运动风险评估、健康筛查、危险分层、心血管意外

【适用课程】运动损伤防治与康复、体育保健学、健康教育学、运动训练学、大学体育与健康、学校体育学等、社会体育指导员培训等

【案例知识点】运动安全、运动风险评估、健康筛查

【摘　要】本案例依据世界卫生组织（WHO）、美国心脏协会（AHA）、美国运动医学学会（ACSM）等权威机构的研究结果，围绕运动风险（心血管意外）评估问题，重点介绍了运动风险的问卷测试与评估方法，为运动风险的筛查提供了科学实用的方案。

第一部分　运动风险评估筛查的内容及流程

世界卫生组织等权威机构建议，各年龄段的人群以及慢性病患者、残障人士等，均可通过适量的体育锻炼促进健康。

欧洲心脏协会（ESC）等相关权威机构建议，各类患有心血管疾病的人群都应提倡适度的体育活动，图6－1。

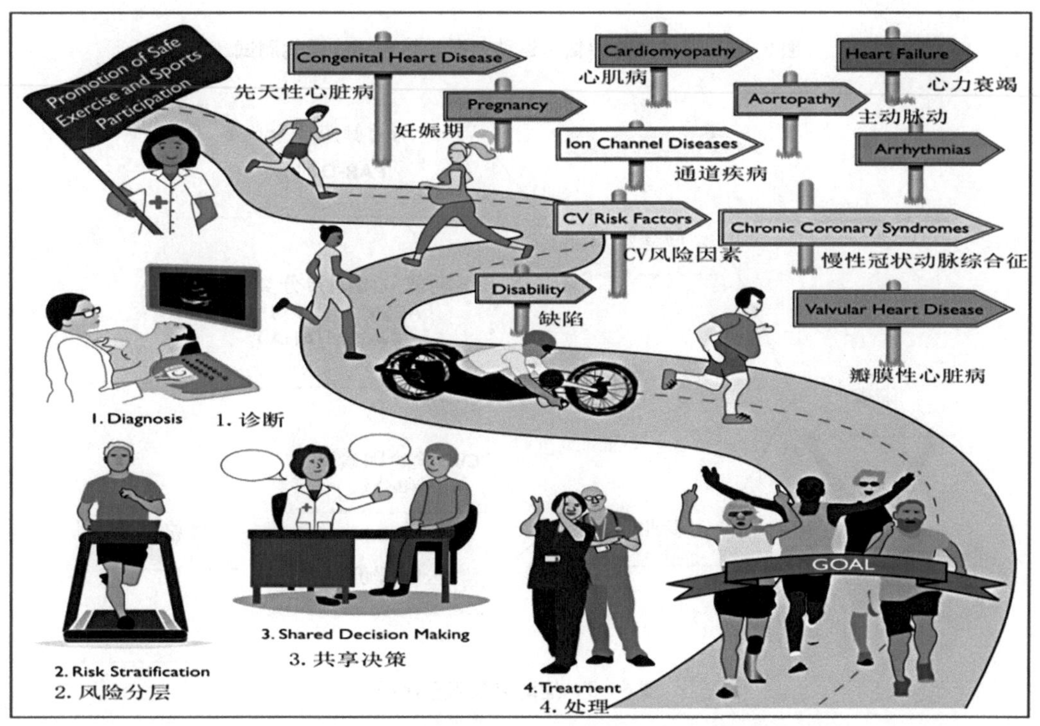

图6－1　各类患有心血管疾病的人群都应提倡适度的体育活动

运动能促进健康，但运动过程中也存在着风险，需对相关运动风险进行筛查。

运动风险主要有两类，即高强度运动中的心源性猝死和急性心肌梗死风险、骨骼肌肉损伤风险。

运动风险评估筛查内容见图6－2。

运动风险筛查流程见图6－3。

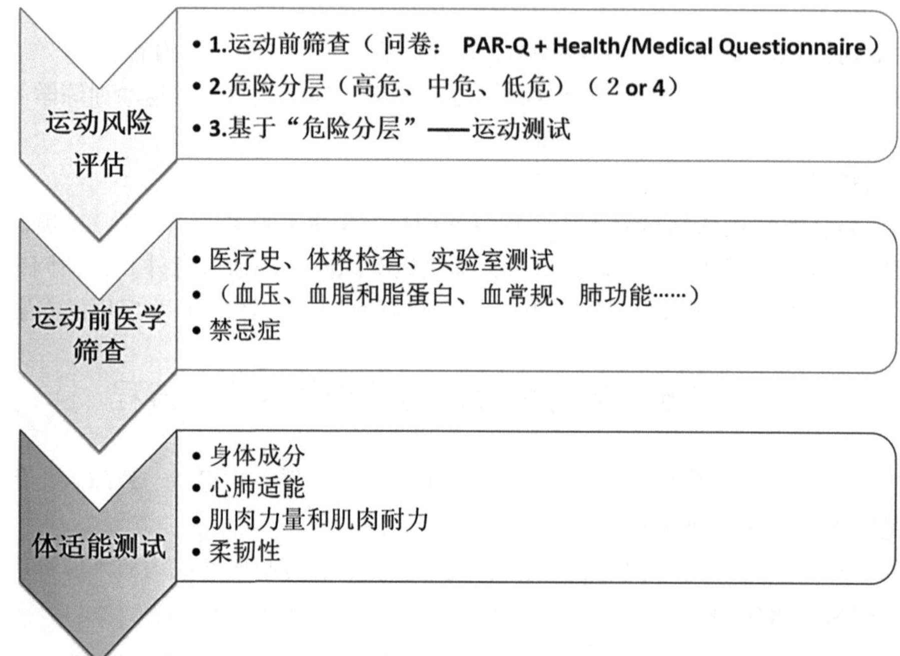

图6－2　运动风险评估→运动前医学筛查→体适能测试

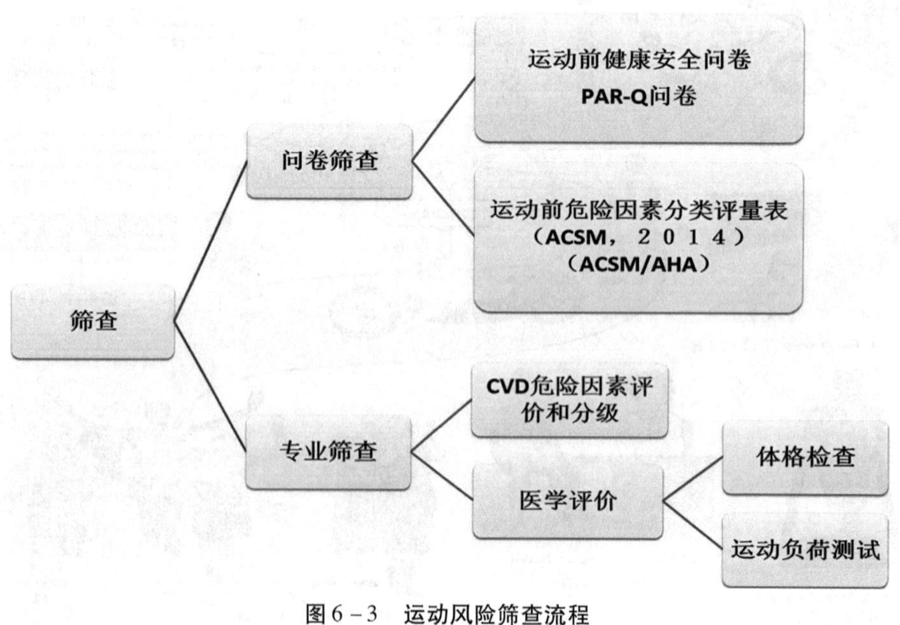

图6－3　运动风险筛查流程

第二部分　“健康筛查和运动风险评估”的问卷

问卷筛查的评估工具主要有：体育活动准备问卷（Physical Activity Readiness Questionnaire，简称 PAR－Q）、健康/医学问卷（Health/Medical Questionnaire）。

评估工具收集到的信息对于辨识风险因素、确定风险分级与选择合适的测试和训练方式十分有帮助。该过程应经济高效，以免给不需要医学许可的人造成阻碍。（参阅《NSCA－CPT 美国国家体能协会私人教练认证指南（第 2 版）》）。

一、体能活动适应能力问卷（PAR－Q）

体能活动适应能力问卷由加拿大体育医学协会和加拿大卫生局于 20 世纪 70 年代研发，最初只有 4 个问题，1994 年修订增加到 7 个。目前，该评估工具已成为国际上广泛使用的健康评估工具之一。

该问卷成本低、简便易行，而且可以敏感地辨识出需要进行额外医学筛查的人群，以及可以直接参与并受益于低强度运动的人群。问卷适用人群为 15～69 岁。

如果现在计划要去进行更多的体能活动，请先回答表格中的 7 个问题，请选择“是”或“否”，见表 6－1。

表 6－1　体能活动适应能力问卷

序号	问题	是	否
1	医生是否跟你说过你有心脏病，你只能做医生建议做的运动？		
2	你运动时胸口是否会疼痛？		
3	上个月，你不运动时是否也发生过胸口疼痛？		
4	你是否曾因为头晕而失去平衡？你是否曾经失去过意识？		
5	你是否有一些骨关节的问题会在你运动时变得更糟？（如背部、膝关节或者髋关节）		
6	医生现在是否给你开了些药物（如吊针）来控制你的血压与心脏病的情况吗？		
7	你是否还有其他原因导致你无法进行运动的吗？		

如果答案均为“否”，运动的安全性是非常高的，可以循序渐进地开始运动。

只要答案中有一个“是”，建议继续回答 10 个疾病补充问题，并在运动前进行运动风险评估和健康筛查，以防范运动风险，排除某些潜在的疾病因素。

如果答案中有多个“是”，必须进行专业的运动风险评估和健康筛查，并一定要遵医嘱从事较安全的身体活动。

如果你年龄介乎 15～69 岁之间，PAR－Q 能告诉你，你在进行体能活动前是否需要找医生做检查。如果你超过 69 岁，并且你以前并不常做运动，请先找医生做一下检查，再遵医嘱从事较安全的身体活动。

二、PAR－Q 问卷更新和应用

国家国民体质监测中心《第五次国民体质监测工作手册》（2020 年）采用了《运动前健康安全问卷表》。相关情况可查阅中国体育科学学会官网。

三、2021 最新身体活动准备问卷 PAR－Q＋

2021 年新版的 PAR－Q＋保留了原来的健康筛查的 17 个问题，包括心血管系统、循环系统、平衡能力、服药状况、情绪和运动系统方面的问题，目的在于发现各种可能给运动带来困难或潜在危险的情况。

PAR－Q＋包括两个部分，即常规健康问题（7 个问题）和疾病补充问题（10 个大问题，其中包括 41 个小问题）。

四、健康/医学问卷（Health/Medical Questionnaire）

健康/医学问卷是评估可否进行中高强度运动的有效工具，可以辨识出与冠状动脉疾病和猝死有关的风险因素、确诊的病理和骨科问题、近期手术与以往的症状、用药史和生活方式，包括病史、症状、心血管危险因素、其他健康问题。

第三部分　运动危险分层建议

一、相关权威机构的运动危险分层建议

2020 年，欧洲心脏协会（ESC）颁布首份《各种类型心脏病患者的运动和身体活动指南》，见图 6－4。

2015 年，美国运动医学学会（ACSM）颁布了运动危险分层标准及操作方法。2022 年，中国专家就运动危险分层达成共识。如图 6－5、图 6－6 所示。

Very high-risk	People with any of the following: • Documented ASCVD, either clinical or unequivocal on imaging. Documented ASCVD includes previous ACS (MI or unstable angina), stable angina, coronary revascularization (PCI, CABG, and other arterial revascularization procedures), stroke and TIA, and peripheral arterial disease. Unequivocally documented ASCVD on imaging includes those findings that are known to be predictive of clinical events, such as significant plaque on coronary angiography or CT scan (multivessel coronary disease with two major epicardial arteries having >50% stenosis), or on carotid ultrasound. • DM with target organ damage,[a] or at least three major risk factors, or early onset of T1DM of long duration (>20 years). • Severe CKD (eGFR <30 mL/min/1.73 m^2). • A calculated SCORE ≥10% for 10-year risk of fatal CVD. • FH with ASCVD or with another major risk factor.
High-risk	People with: • Markedly elevated single risk factors, in particular TC >8 mmol/L (>310 mg/dL), LDL-C >4.9 mmol/L (>190 mg/dL), or BP ≥180/110 mmHg. • Patients with FH without other major risk factors. • Patients with DM without target organ damage,[a] with DM duration ≥10 years or another additional risk factor. • Moderate CKD (eGFR 30–59 mL/min/1.73m^2). • A calculated SCORE ≥5% and <10% for 10-year risk of fatal CVD.
Moderate-risk	Young patients (T1DM <35 years; T2DM <50 years) with DM duration <10 years, without other risk factors. Calculated SCORE ≥1% and <5% for 10-year risk of fatal CVD.
Low-risk	Calculated SCORE <1% for 10-year risk of fatal CVD.

©ESC 2020

高危风险	·记录ASCVD，无论是临床或影像学明确。记录的ASCVD包括既往ACS（心肌梗死或不稳定型心绞痛）、稳定型心绞痛、冠状动脉重建术（PCI、CABG和其他动脉血运重建术）、卒中和TIA以及外周动脉疾病。明确记录的影像学ASCVD包括那些已知可预测临床事件的发现，如冠状动脉造影或CT扫描上的显著斑块（多血管冠状动脉疾病，两个主要心外膜动脉>50%狭窄），或颈动脉超声检查 ·伴有靶器官损伤的糖尿病，或至少有三个主要危险因素，或长期T1型糖尿病的早期发病（>20年）。 ·严重CKD（eGFR<30 mL/min/1.73 m^2）。 ·A计算评分≥的10年致命CVD风险为10%。 ·FH伴有ASCVD或其他主要危险因素。
高风险	有以下情况的人员： ·单一危险因素显著升高，特别是TC>8 mmol/L（>310 mg/dL）、LDL-C>4.9mmol/L（>190mg/dL）或BP≥180/110mmHg。 无其他主要危险因素的FH患者。 ·无靶器官损伤的糖尿病患者，糖尿病持续≥10年或其他危险因素。 ·中度CKD（eGFR 30-59 mL/min/1.73m2）。 ·A计算出10年致命性CVD风险评分≥5%和<10%。
中风险	年轻患者（T1DM<35岁；T2DM<50年），糖尿病持续时间<10年，无其他危险因素。 计算10年致命性CVD风险评分≥1%和<5%。
低风险	10年致命性CVD风险的计算评分<为1%。

图 6－4　欧洲心脏协会（ESC）《各种类型心脏病患者的运动和身体活动指南》（2020 年）

ACSM运动危险分层标准（2015新建议）

参考资料《ACSM's guidelines for exercise testing and preion》

图 6－5　ACSM 运动危险分层标准

运动危险分层中国专家共识（2022年）

摘自：中国医药卫生文化协会心血管健康与科学运动分会.运动相关心血管事件风险的评估与监测中国专家共识[J].中国循环杂志，2022，37(07)：659-668.

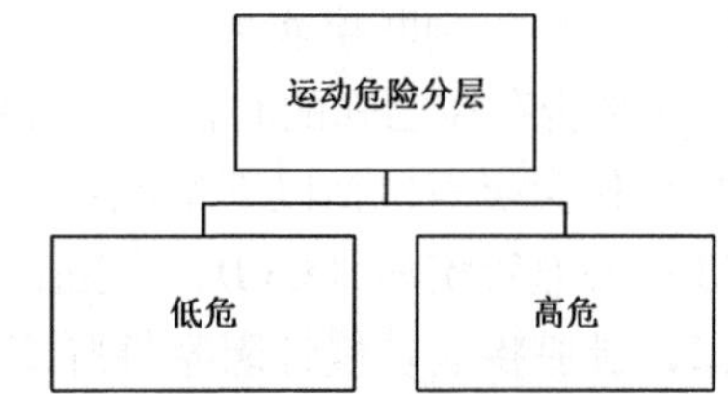

图 6－6　运动危险分层中国专家共识

二、运动危险分层、依据、专业知识要求

（一）运动危险类别

低危、中危、高危。

（二）运动危险分层的依据

1. 是否存在已知的心血管、肺脏和（或）代谢疾病。
2. 是否存在已知的心血管、肺脏和（或）代谢疾病的症状或体征。
3. 是否存在心血管疾病的危险因素。

运动危险分层的依据，见图6－7。

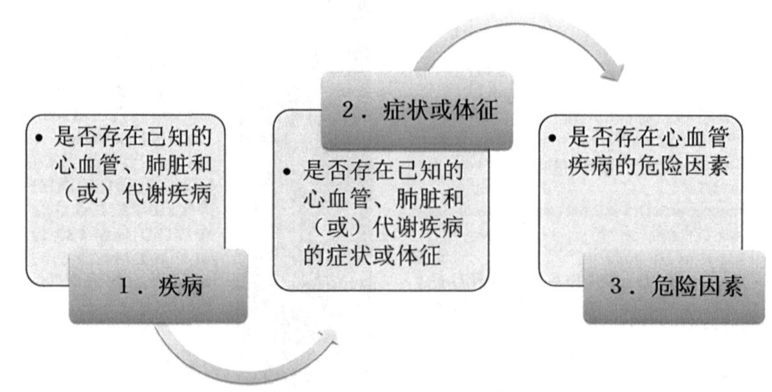

图6－7　危险分层的依据

（三）专业人员应该具备的专业知识

1. 心血管、肺脏和代谢疾病的诊断标准。
2. 能够描述上述疾病的症状和体征。
3. 确定特异性心血管疾病危险因素的诊断标准。
4. 每个危险类别的分类标准。

（四）运动危险分层的具体实施步骤

1. 第一步，判断疾病种类。

判断是否存在已知的心血管、肺脏和（或）代谢疾病。内科医师诊断的心血管、肺脏和（或）代谢疾病包括以下情况：

（1）心血管疾病（CVD）。心脏、外周动脉（PAD）或脑血管疾病。

（2）肺脏疾病。慢性阻塞性肺疾病（COPD）、哮喘、间质性肺病或囊性纤维化。

（3）代谢疾病。糖尿病（1型或2型）、甲状腺异常和肾脏或肝脏疾病。

【判断标准】已确诊1种或多种疾病者为高危人群，在参加任何强度的体力活动或运动前均应进行全面的医学检查并获得许可。

2. 第二步，判断症状或体征。

判断是否存在已知的心血管、肺脏和（或）代谢疾病的症状或体征。危险分层的体征或症状汇总情况，见表6－2。

表6－2　危险分层的体征或症状

序号	体征或症状
1	可能由局部缺血引起的胸部、颈部、臂部或其他部位的疼痛、不舒服（或其他类似于心绞痛的感觉）
2	可能由局部缺血引起的胸部、颈部、臂部或其他部位的疼痛、不舒服（或其他类似于心绞痛的感觉）
3	休息或轻微用力时气短
4	头晕眼花或晕厥
5	端坐或夜间阵发性呼吸困难
6	踝部水肿
7	心悸或心动过速
8	间歇性跛行
9	已知的心脏杂音
10	平常活动时异常的疲劳或气短

【判断标准】发现1个或多个症状者为高危人群，在参加任何强度的体力活动或运动前均应进行全面的医学检查并获得许可。

3. 第三步，判断危险因素。

判断运动危险分层的危险因素，见表6－3。ACSM运动前危险因素分类评量表、运动风险分类表分别如表6－4、表6－5所示。

表6－3　运动危险分层的危险因素

正性危险因素	年龄
	家族史
	吸烟
	高血压
	血脂异常
	空腹血糖受损
	肥胖症
	久坐少动的生活方式
负性危险因素	血清高密度脂蛋白（HDL）高

【判断标准1】没有心血管、肺脏和（或）代谢疾病，没有心血管、肺脏和（或）代谢疾病的症状/体征，但具有2个或2个以上危险因素者为中危人群。多数中危人群可在没有必要医学检查和许可的情况下安全地参与低至中等强度的体力活动，但在参加较大强度运动之前（如>60% VO_2R），有必要进行医学检查和运动测试。

【判断标准2】没有心血管、肺脏和（或）代谢疾病，没有心血管、肺脏和（或）代谢疾病的症状/体征，以及不多于1个危险因素者为低危人群。低危人群可在没有必要医学检查和许可的情况下安全地进行体力活动或运动项目。

表6－4　ACSM运动前危险因素分类评量表

阳性风险因素	年龄	男性≥45岁
	家族史	父亲或者其他一级男性亲属<55岁，心肌梗死、冠状动脉重建或者猝死
		母亲或者其他一级女性亲属<65岁，心肌梗死、冠状动脉重建或者猝死
	吸烟史	目前吸烟/戒烟时间不足6个月，长时间暴露在二手烟中
	久坐少动	至少三个月内未参加每周3天至少30分钟的中等强度体力劳动
	肥胖	体重指数BMI≥30，或男性腰围≥102cm、女性腰围≥88cm
	高血压	收缩压≥140mmHg，或者舒张压>90mmHg（通过至少2个不同时间段测量），或者正在服用降压药
	血脂异常	低密度脂蛋白胆固醇（LDL）≥130mg/dL，或者高密度胆固醇（LDL）<40mg/dL，或者血清胆固醇≥200mg/dL，或者正在服用降血脂药物
	糖尿病前期	100mg/dL≤空腹血糖≤125mg/dL，或者患有葡萄糖耐量降低（表现为两个小时口服液葡萄糖耐量值≥140mg/dL、但≤199mg/dL至少在两个不同时间测量）
阴性风险因素		高密度脂蛋白胆固醇（HDL）≥60mg/dL

注意：作出临床判断通常要合并考虑危险因素。如果HDL（高密度脂蛋白胆固醇）高，可从所有正性危险因素中减去一个危险因素，因为高HDL可以减少心血管疾病的风险。

在每个分类中，不论是符合其中一条还是多条，都只加一分。算出自己的得分后，可以根据表6－5的风险分类选择适合自己的运动方式。得分≥2或者已经出现症状甚至已经确诊了疾病的朋友，在运动前最好还是先看医生，在遵从医嘱的前提下进行科学健身。

表6－5　运动风险分类表

风险类型	运动强度	运动前是否需要体检	运动前是否需要运动试验	运动中是否需要医生监督
低风险（得分<2）	所有运动强度	否	否	否

续　表

风险类型	运动强度	运动前是否需要体检	运动前是否需要运动试验	运动中是否需要医生监督
中风险（得分≥2）	中等强度运动	否	否	否
	剧烈运动	是	否	否
高风险（已确诊的心血管、肺、肾疾病或代谢病）	所有运动强度	是	是	是

三、《运动相关心血管事件风险的评估与监测中国专家共识》简介

（一）编写背景

中国医药卫生文化协会心血管健康与科学运动分会组建了专家组，邀请运动生理学、运动康复、心血管内科学、急诊医学、微电子/网络科学、临床流行病学及大数据分析等领域专家，广泛检索国内外相关研究最新数据和证据，针对我国城乡居民运动健身实际情况，经分工撰写、集体讨论和反复论证，最终编写了《运动相关心血管事件风险的评估与监测中国专家共识》。

（二）运动风险的2级分层

2022年，我国发布了首份中国专家关于运动相关心血管事件风险的评估与监测的共识，即《运动相关心血管事件风险的评估与监测中国专家共识》。

基于国内外相关研究证据，该共识推荐将运动相关心血管风险分为“低风险状态”和“高风险状态”两个层级。其中，低风险状态指运动者与同龄、同性别的健康人群具有相同运动相关心血管事件风险的状态；高风险状态指合并有高龄、明确的心血管疾病、2型糖尿病或肾脏疾病等多种危险因素，或将参与极具风险挑战的运动（如极限登山、高山滑雪、铁人三项等），导致运动者发生运动相关心血管事件的绝对风险显著高于同龄、同性别的健康人群的状态。

（三）影响危险分层的变量

运动相关危险分层所依据的变量有11项，其中核心变量有4项，非核心变量有7项。

低风险状态指不存在核心变量且至多存在1项非核心变量的状态。高风险状态指存在至少1项核心变量或2项以上非核心变量的状态。见表6－6。

表6－6　运动相关危险分层所主要依据的变量

项目	序号	运动相关的心血管风险
核心变量	1	年龄（男性>50岁、女性>60岁）
	2	合并明确的心血管疾病、2型糖尿病或肾脏疾病
	3	有早发（男性<55岁，女性<65岁）冠心病或其他先天性、遗传性心脏病家族史
	4	参加或准备参加高危极限运动

续 表

项目	序号	运动相关的心血管风险
非核心变量	1	缺乏规律的运动习惯
	2	存在提示有心血管疾病可能的胸闷、胸痛、呼吸困难等临床症状
	3	男性 >40 岁，女性绝经后
	4	吸烟
	5	高血压
	6	高胆固醇血症
	7	肥胖

（四）案例分析

例如，一位35岁的男性，既往体健，没有任何疾病或家族疾病史，准备参加马拉松或者铁人三项运动。根据共识，该男性符合“参加或准备参加高危极限运动”这一项。结论是该男性属于低风险人群。

例如，一位40岁的女性，平时不爱锻炼，近期因血脂高医生建议其多锻炼，其体重指数较高，平时没有任何不舒服或疾病，家族疾病史也没有异常。根据共识，该女性符合“缺乏规律的运动习惯”“肥胖”“高胆固醇血症”3项非核心变量。结论是该女性属于高风险人群。

（五）美国运动医学会（ACSM）运动危险分层标准及操作方法

如果不存在核心变量且至多存在1项非核心变量，即为“低风险状态”，通常无须特殊评估。

如果存在有至少1项核心变量或2项以上非核心变量，即为“高风险状态”，需在医生的指导下进行心电图、超声心动图、心肺运动试验等检查，同时应遵医嘱从事较安全的身体活动。

运动相关心血管风险评估是指在参与运动的人群中或运动过程中，为了筛查已存在的心血管疾病或心血管事件的风险，避免发生运动相关的心血管事件，所进行的主要针对心血管疾病风险的评估。运动人群心血管疾病的风险评估主要从结构、冠状动脉供血、心律失常及心功能四个方面进行。

第四部分　心血管疾病的风险筛查

一、心血管疾病的风险筛查内容和流程

心血管疾病的风险筛查常见项目及评分见表6－7。筛查的流程如图6－8所示。

表6－7　心血管疾病的常见筛查项目及评分

筛查项目	心脏结构	心肌缺血	心律不齐	心脏功能
心电图	1	2	2	0
动态心电图	0	1	4	0
超声心电图	3	2	0	3
负荷心电图	0	3	2	0
心肺运动测试	1	3	2	3
冠状动脉 CT 血管造影/冠状动脉造影	1	4	0	0
心肌核素显影	2	3	0	3
心脏磁共振成像	4	3	0	3
基因检测	2	0	2	0

注：数字大小代表推荐等级，其中0为无证据推荐。

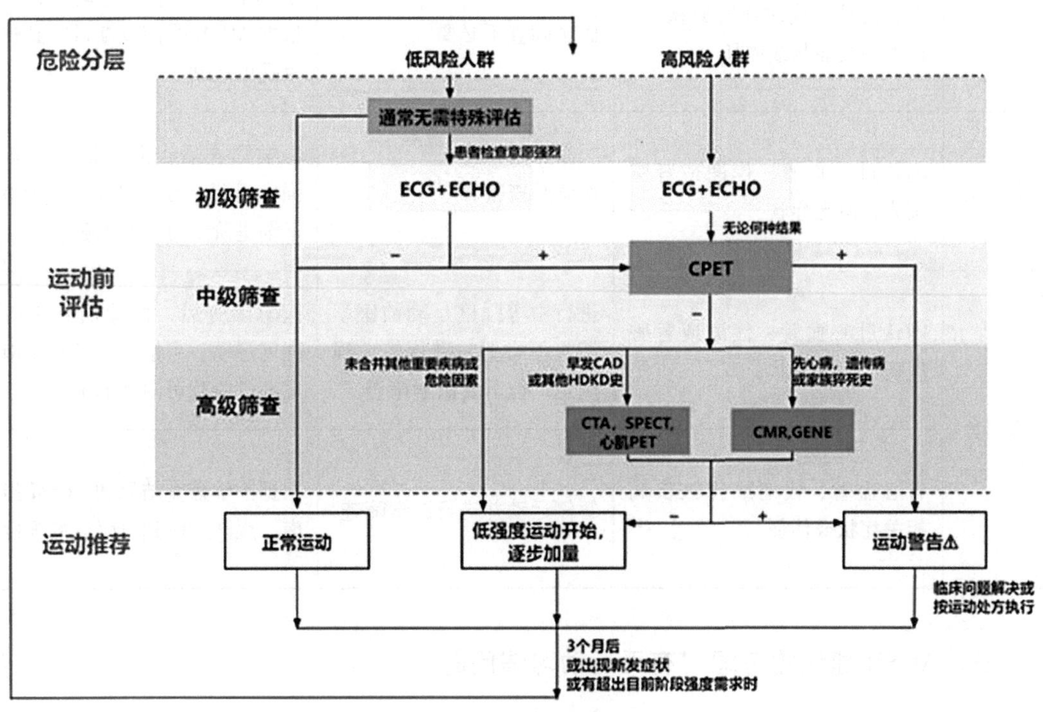

图6－8　心血管风险筛查流程图

注：ECG为心电图，ECHO为超声心动图，CPET为心肺运动试验，CAD为冠心病，HDKD为心血管、糖尿病或肾脏疾病，CTA为CT血管造影，PET为正电子发射型计算机断层显像，SPECT为单光子发射计算机断层摄影术，CMR为心脏磁共振成像，GENE为基因检测，先心病即先天性心脏病，“＋”为检查结果有异常，“－”为检查结果正常。

二、运动前健康筛查的目标

运动前健康筛查的目标是鉴别下面三种人群：

1. 在开始运动计划或增加当前计划的频率、强度或运动量前，有必要得到医生许可的人员。

2. 患有临床重大疾病，可从参加医疗监督的运动计划中受益的人员。

3. 具有某些需要排除在运动计划之外的医疗状况，直到这些状况得到缓解或得到更好控制的人员。

运动前健康筛查流程的指导包括：确定当前体力活动水平；确定潜在的心血管疾病、代谢疾病和肾脏疾病的体征和症状，鉴别确诊为心血管疾病和代谢性疾病的个体；运用体征和症状、既往史、当前运动参与度和期望的运动强度等来确定运动建议。

运动前需健康筛查的人群、是否需进一步医学筛查及运动建议，见表 6－8。

表 6－8　运动前需健康筛查的人群、医学筛查与否及运动建议

鉴别下列人群		医学筛查	运动建议
第一类	无心血管、代谢或肾脏疾病，且无相关症状或体征	医学筛查不必要	推荐低到中等强度运动，可根据 ACSM 指南逐渐进阶到较大强度运动
第二类	确认过心血管、代谢或肾脏疾病，但无症状	医学筛查推荐	医学筛查后，推荐低到中等强度运动，可根据 ACSM 指南逐渐进阶到可耐受的强度
第三类	确认过心血管、代谢或肾脏疾病，但无症状	进行中等强度运动前医学筛查不必要，进行较大强度运动前需要医学筛查	医学筛查后，推荐低到中等强度运动，可根据 ACSM 指南逐渐进阶到可耐受的强度
	有心血管、代谢或肾脏疾病相关症状或体征	暂停运动并进行医学筛查	根据医学筛查结果和 ACSM 指南，逐渐进阶到可耐受的强度

三、ACSM 建议需考虑“有无运动习惯问题”

美国运动医学学会（ACSM）在考虑是否需要进行医学检查时，通常建议考虑“有无运动习惯问题”，如图 6－9 和图 6－10。

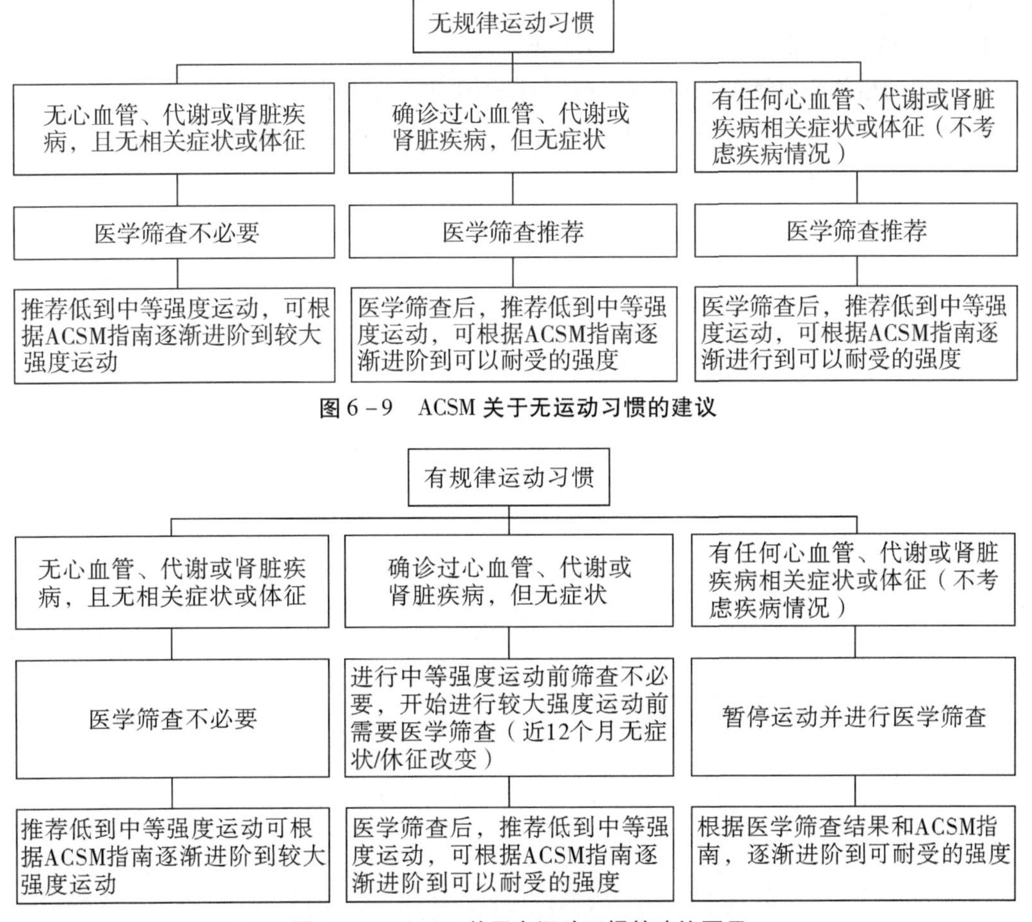

图6-9　ACSM关于无运动习惯的建议

图6-10　ACSM关于有运动习惯的建议图示

第五部分　运动强度的设定

运动前的最后一步是设定合理的运动强度，以尽量避免运动风险。

没有运动习惯，且没有重大疾病的个体，可直接开始轻到中等强度的运动；没有运动习惯，有确诊重大疾病但无症状的个体，应该在开始有任何强度的运动之前获得医生的同意；有运动习惯，但有症状的个体，需要在运动前获得医生的同意。

有规律运动习惯，且没有重大疾病及症状的个体，可以继续其目前的运动量/强度或进程，无须医生同意；有规律运动习惯，有确诊重大疾病但无症状的个体，可以继续进行中等强度的运动；有规律运动习惯，但有相关症状或体征的个体，在继续进行任何强度的运动前，都应先咨询医生以获得专业的指导意见。

当参与者被认为需要医学筛查及医疗许可时，应将他们转诊给相关医生或其他卫生保健提供者。运动强度的设定方法见案例12。

【拓展阅读】

1. 《ACSM 运动前的危险分层（2015 年建议）》。
2. 《运动相关心血管事件风险的评估与监测中国专家共识》。
3. ESC 最新发布的运动指南《心脏病患者的运动和身体活动指南》。

案例7　运动安全：急救

【关键词】急救、CPR、AED、海姆利希急救法、颈椎骨折的固定、脑震荡

【适用课程】运动损伤防治与康复、体育保健学、健康教育学、运动训练学、大学体育与健康、学校体育学、社会体育指导员培训等

【案例知识点】心搏骤停急救步骤及方法——心肺复苏（CPR）＋自动体外除颤器（AED）

【摘　要】人在运动过程中发生心搏骤停、脊椎骨折、脑震荡等严重运动伤害事件的风险较高，急救是挽救生命、减少损伤的重要措施，是体育教师、教练员、社会体育指导员必备的专业技能。本案例重点对心搏骤停、脊椎损伤、脑震荡等严重运动伤害的急救知识进行了介绍，以帮助学生掌握正确的急救方法，最大程度地挽救生命，减少运动损伤。

第一部分　经典案例分析

一、欧洲足球锦标赛上演与死神擦肩而过的14分钟

2021年6月13日，欧洲足球锦标赛B组丹麦对阵芬兰的比赛中，丹麦队最大牌的球星埃里克森在无身体接触的情况下突然倒地。在接下来的14分钟，队友、裁判、医务人员进行了一系列堪称教科书般的操作，把他从死神手里拉了回来：附近球员上前判断情况召唤医务人员上场，20秒医务人员到达身边开始检查，50秒辅助医务人员持担架和AED（自动体外除颤器）上场，1分10秒AED就位，1分50秒完成检查开始CPR（心肺复苏）。施救的成功取决于赛事保障团队在赛前就进行了严格的练习和充分的预演。

二、国际足联（FIFA）的相关规定

FIFA对每一场大型赛事都有要求，必须在赛前完成11步紧急预案的准备，以应对可能面临危及生命的医疗紧急事件。

（一）预防——病史采集

采集球员病史、家族史和对球员进行全面体检。

（二）预防——心电图

球员入队时必须进行心电图检查，之后每年必须再进行一次检查。

（三）预防——超声心电图

35岁以上的球员还需要进行超声心电图检查。

（四）培训和设备

每年对团队工作人员和裁判进行 CPR + AED 培训，赛前确认国际足联医疗急救包可用并已托运，确定紧急医疗计划（角色和责任的分配）已制订，每年至少练习和排练一次，确认场方医疗队 + 后勤人员资质，确认救护车位置。

（五）急救装备就位

确定 FIFA 的医疗急救包和 AED 就位。

（六）医疗队就位

确定场边医疗队就位。

（七）救护车就位

确定救护车功能齐全，就位。

（八）确认情况

立即识别倒下的球员。立即识别任何倒下的球员是赛场医疗团队的首要责任。任何倒下且没有反应的球员，尤其是在与其他球员无接触的情况下倒下时，都将被视为危及生命的紧急医疗事件。任何倒下并表现出癫痫样活动和/或濒死呼吸的球员都应被视为危及生命的紧急医疗事件。

（九）启动紧急医疗计划

对于任何疑似危及生命的紧急医疗事件，必须立即启动紧急医疗计划。

（十）CPR + AED

开始胸外按压，尽快取得和使用 AED。胸外按压应立即开始并持续进行，直到 AED 被放置在运动员身上，并可用于分析心律）。

（十一）过渡

过渡到高级生命支持系统。进行了充分的胸外按压和使用 AED 后，必须将球员转移到体育场内的救护车上，最好是将救护车召唤到球员身边，从而使球员过渡到高级生命支持系统。如果无法做到这一点，则必须继续保持胸外按压，并将球员安全快速地转移到救护车上，必要时重复使用 AED。在救护车运输期间，也必须按照指示保持有效的胸外按压和使用 AED。

三、国际足联对以上相关规定的补充说明

（一）心搏骤停的识别

FIFA 对心搏骤停的识别，见图 7 - 1。

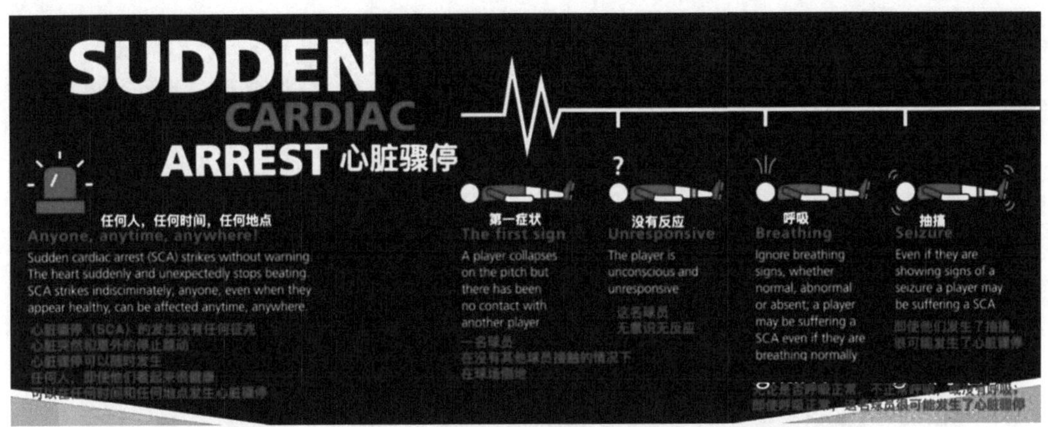

图 7－1　FIFA 对心搏骤停的识别

（二）心搏骤停的症状

1. 非接触式倒下。

任何球员在没有接触到其他球员、球或障碍物的情况下摔倒，都应该被视为在心搏骤停中，直到证明不是这样。球员倒下可被在场的球员、裁判、位于边线的队员或边线医疗团队的成员所识别，医疗团队成员应出席所有比赛。

2. 没有意识没有反应。

球员对任何身体或语言刺激都没有任何反应。

3. 呼吸不正常或无呼吸。

发生心搏骤停的球员将继续表现出正常、快速的呼吸 90 秒，然后他们的呼吸变为喘息型的呼吸异常，最终呼吸完全停止。正常的呼吸不能被曲解，球员可能仍然在 SCA（心搏骤停）中。

4. 短暂的癫痫样活动或肌阵挛运动。

短暂的癫痫样活动或肌阵挛运动。这些缓慢的、不自主的运动不能被误认为是癫痫或一开始就被当作癫痫来治疗，因为这将导致延迟诊断和复苏。

（三）具体的急救实施步骤

国际足联明确规定了具体的急救实施步骤，包括：识别→响应→确定→呼救→CPR→AED。如图 7－2 所示。

1. 识别。一旦发生，尽快识别心搏骤停和症状。

2. 响应。进入场地接触球员，不要等待裁判的许可。

3. 确定。确定球员是否无意识、无反应。

4. 呼救。让他人呼叫球场医疗团队或救护车。

5. CPR。立即实施单纯胸外按压式的心肺复苏，用力按压，快速按压。

6. AED。获取最近的 AED，并遵循 AED 提示操作。如果没有 AED，继续心肺复苏，直至医疗团队到达。

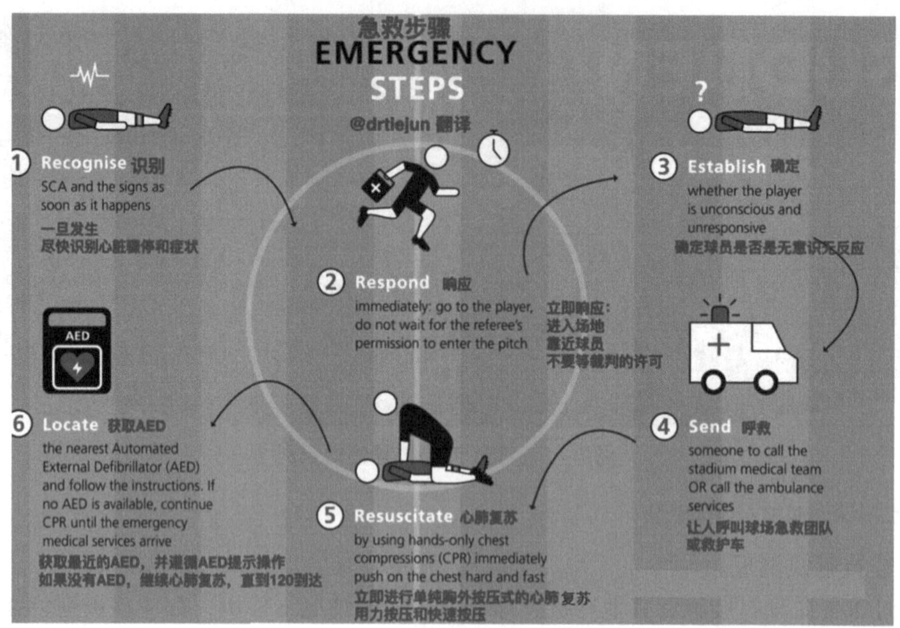

图 7－2　具体的急救实施步骤

（四）强调尽早响应和 2 分钟内除颤

如果球场边的急救团队，对倒地的心搏骤停球员做出响应，并携带 AED 和在 2 分钟内进行除颤，患者生存率会提高到 100%。相关人员需知道在球场如何识别、响应，并进行心肺复苏，见图 7－3。

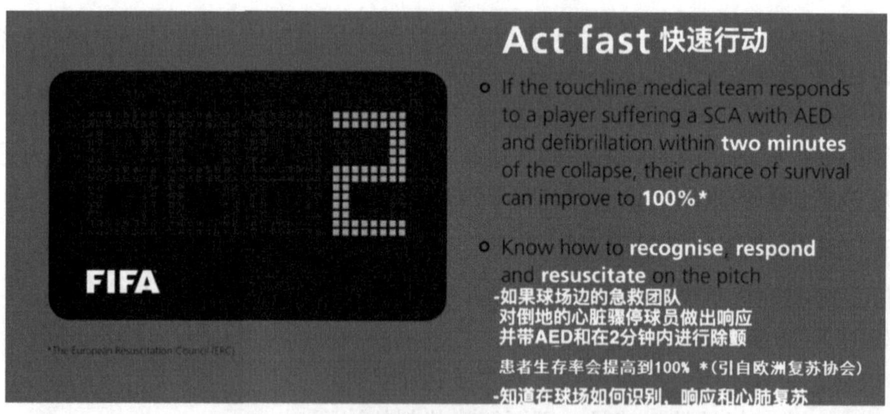

图 7－3　强调尽早响应和 2 分钟内进行除颤

（五）预防措施和要求

每个俱乐部/球场都应该配备一台 AED，在比赛和训练时放在靠近场地的地方，并确保所有人知道放置位置。所有球员都应接受医疗评估，并且每年体检。应为每场比赛制订一个发生心搏骤停的行动预案，并做相应练习。

如果可能的话，进行一个 CPR 课程，这样当球员发生心搏骤停时，就知道如何进行心肺复苏。队医应该监控球员的健康状况，以便在他们遭受病毒或感染时，让他们停止训练和比赛。以上预防措施和要求，见图 7－4。

Prevention 预防

- Every club/stadium should have an AED which should be by or close to the pitch for all matches and training sessions – make sure you know where it is!
  每个俱乐部/球场都应该配备一台AED，在比赛和训练时放在靠近场地的地方，要确保你知道放置位置
- All players should undergo medical assessments and have annual medical check-ups
  所有球员都应接受医疗评估，并且每年体检
- Create and practise a medical action plan for SCA for every match
  为每场比赛制定一个发生心脏骤停的行动预案，并做相应练习
- Take a CPR class if possible so you know how to resuscitate a player if they have a SCA
  如果可能的话，进行一个CPR课程，这样当球员发生心脏骤停，你就知道如何进行心肺复苏
- Medical staff should closely monitor players' health to ensure that players do not participate in training or matches when they are experiencing a virus or infection
  队医应该监控球员的健康状况，以便在他们遭受病毒或感染时，停止他们参加训练和比赛

图7－4　预防心搏骤停的措施和要求

（六）FIFA 的声明

以上所有建议仅供国际足联比赛使用，不作为也不打算作为医疗急救标准。这些建议并不是要取代负责治疗的医务人员的临床判断，应该根据患者的个体需求以及所提出的具体事实和情况进行解释。

第二部分　心搏骤停的急救方法和步骤

一、心搏骤停

中国每年约有54.4万人发生心搏骤停导致心源性猝死，平均每1分钟就有1人因此猝死，抢救成功率仅1%，其中在运动过程中心搏骤停的事件频发，运动风险很高。

现代医学的全球共识之一是心搏骤停的急救时间为“黄金4分钟”；每拖延1分钟，伤员的生存概率就降低10%。发生心搏骤停后，患者各器官会出现缺氧症状，如大脑缺氧超过4分钟，会发生不可逆转的损伤，如超过10分钟则生存机会相对渺茫。而通常120到达急救现场的时间需要10～15分钟。与死神赛跑，仅有4分钟的黄金救援时间，见图7－5。

2021年1月1日起《中华人民共和国民法典》开始实施。

《中华人民共和国民法典》第184条指出：“因自愿实施紧急救助行为造成受助人损害的，救助人不承担民事责任。”这一善意救助者责任豁免规则，被称作“好人法”，其用意是鼓励善意救助伤病的高尚行为。

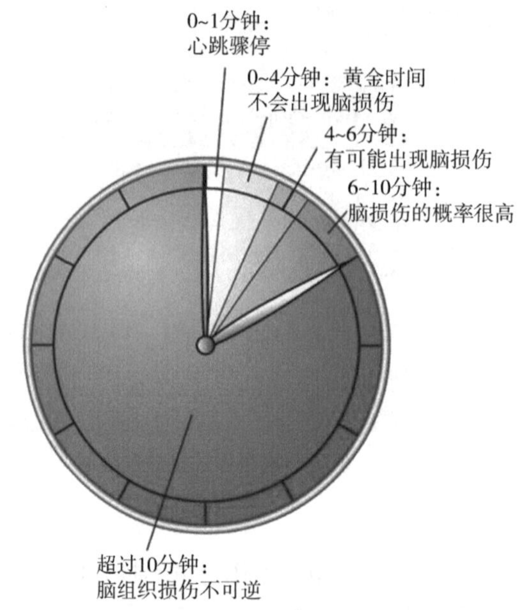

图7-5　心搏骤停的急救时间

二、心肺复苏术程序的操作步骤

心肺复苏术程序的操作步骤，包括：确认→求救→CPR→AED。

心搏骤停急救最有效的方法：CPR+AED。见图7-6。

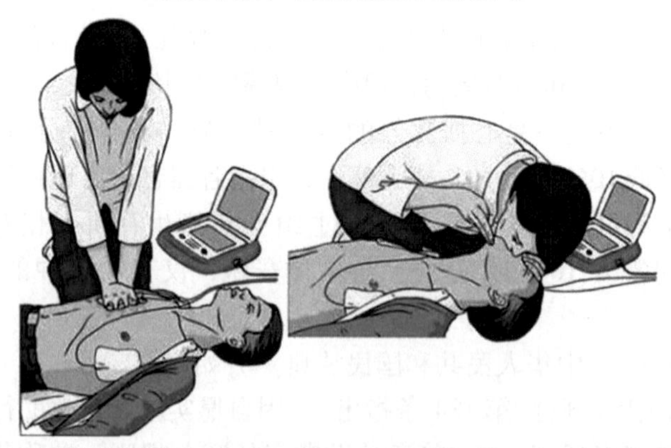

图7-6　心肺复苏（CPR）+自动体外除颤器（AED）急救示意图

（一）心肺复苏（CPR）

心肺复苏（Cardio Pulmonary Resuscitation，简称CPR），包括心脏胸外挤压+口对口人工呼吸。如图7-7所示。

心肺复苏术是针对骤停的心跳和呼吸采取的抢救关键措施，目的是恢复患者的自主呼吸和自主循环，即胸外按压形成暂时的人工血液循环并恢复心脏的自主搏动，采用人工呼吸代替自主呼吸。

心搏骤停是指各种原因引起的、在未能预计的情况和时间内心脏突然停止搏动，从而导致有效心泵功能和有效循环突然中止，引起全身组织细胞严重缺血、缺氧和代谢障碍，如不及时抢救即可立刻失去生命的情况。心搏骤停一旦发生，如得不到及时的抢救复苏，4～6分钟后会造成患者脑和其他人体重要器官组织不可逆的损害。

图7－7　心脏胸外挤压、口对口人工呼吸示意图

这里所说的按压—通气比为30∶2，按压频率为100～120次/分钟，见图7－8。另，世界卫生组织的相关指南提出，如未经专业培训，仅做胸外按压即可，也可按专业的提示进行急救。

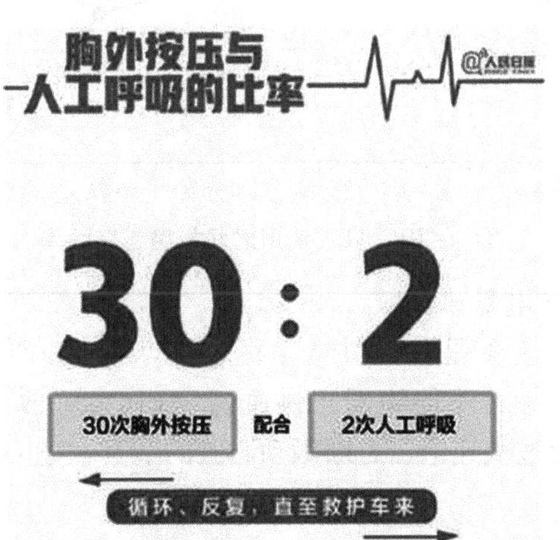

图7－8　心脏胸外挤压＋口对口人工呼吸比图示

（二）自动体外除颤器（AED）

自动体外除颤器（AED）是一种便携式的诊断特定的心律失常，且给予电击除颤，用于抢救心源性猝死患者的医疗设备。

AED由现场目击者最早进行有效急救的观念发展而来。有别于传统除颤器可以内置电脑分析和确定发病者是否需要予以电除颤，该设备可被非专业人员使用。见图7－9。

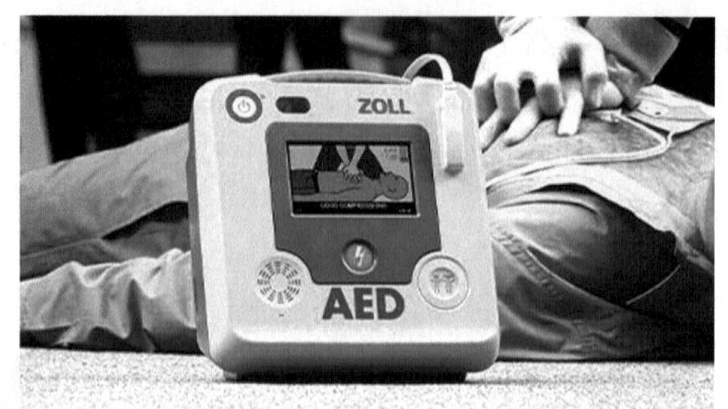

图7-9　AED（自动体外除颤器）（非专业人员可使用）

（三）使用AED抢救成功率明显提高

我国每年约有55万人发生心搏骤停——心源性猝死，抢救成功率很低，仅1%。如在1~2分钟内使用自动除颤AED，抢救成功率能达90%。AED使用时间与患者存活率的关系如图7-10所示。

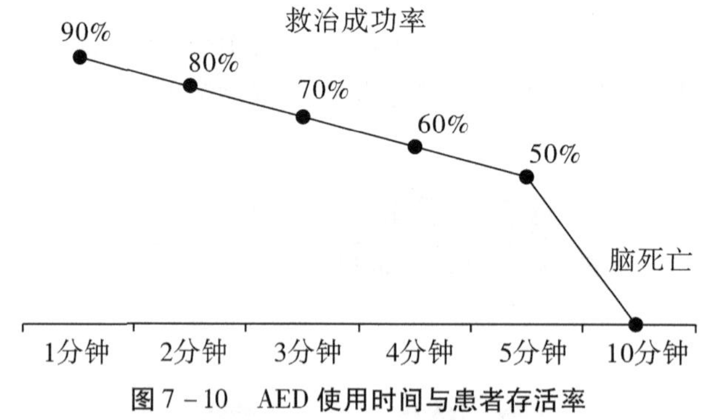

图7-10　AED使用时间与患者存活率

1. 室颤——电除颤（电复律）。

心搏骤停早期80%以上都是室颤引起（心室颤动是一种严重的室性心律失常，心脏虽然跳动，但并无机械收缩，不能为器官供血），AED会释放一个电压非常高、时间短促、流量很小的电流，通过快速电击打断颤动心脏的节奏，让心跳从异常恢复到正常，心率被转化为窦性。

治疗室颤患者最有效的方法是早用AED除颤。

2. AED使用时间与患者存活率。

AED使用时间与存活率的关系为：除颤每推迟1分钟，患者存活率降低7%~10%。CPR与AED的早期有效配合使用，是抢救心跳、呼吸骤停的猝死患者最有效的手段。

（四）AED操作的四个步骤

AED的操作简单易学。

AED操作具体步骤包括：开（机）→贴（电极）→插（导线）、自动分析→电击，须按AED的语音提示和屏幕显示进行操作。

1. 第一步：开（机）。

打开AED的盖子，依据语音提示操作。有些型号需要先按下电源（点击绿色的开关，即可打开AED电源），AED会发出语音提示，可以根据提示进行下一步。

2. 第二步：贴（电极）。

两块电极板分别贴在右胸上部和左胸左乳头外侧，见图7-11。

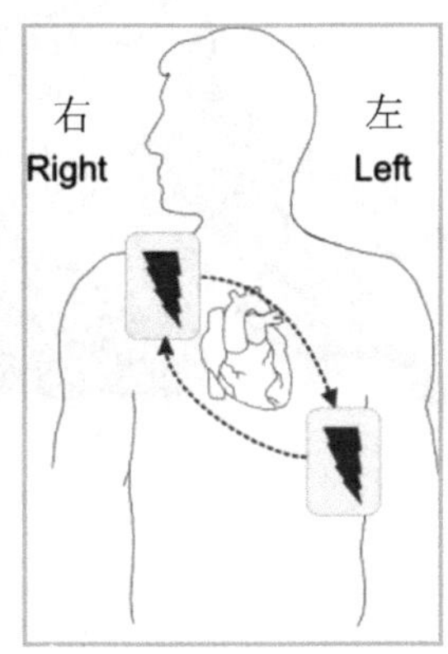

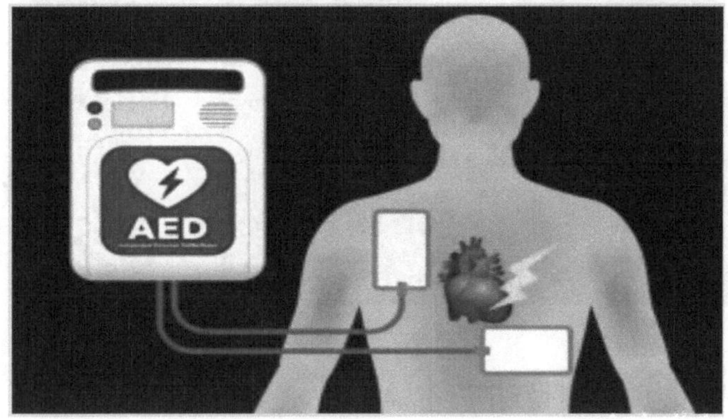

图7-11　贴（电极）示意图

3. 第三步：插（导线）及自动分析。

将贴片上的导线插入AED主机插孔。接上之后，AED即开始自动检测患者心率，此时不要触碰伤员（会影响AED判断），见图7-12。

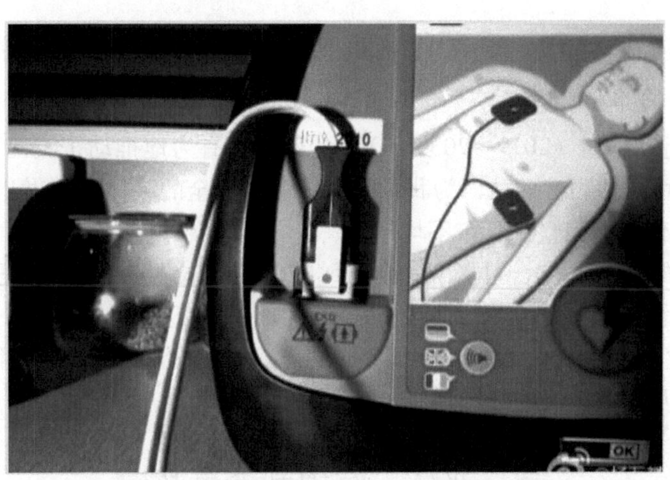

图7-12　插（导线）及自动分析示意图

4. 第四步：电击。

如果AED建议除颤，则在确保无人接触患者时，按下电击键，见图7-13。

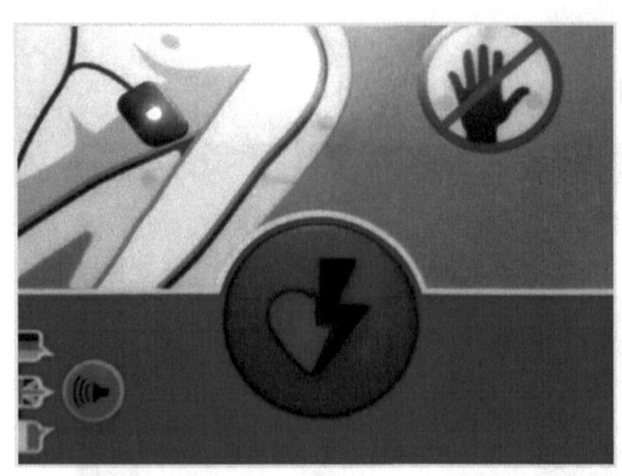

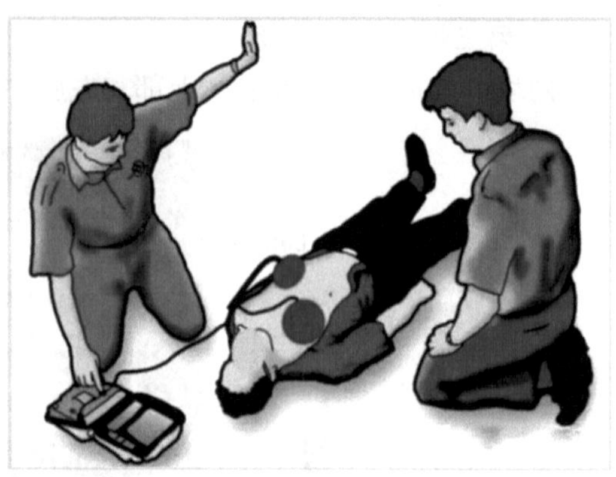

图 7－13　电击示意图

另外，要注意做到两个“离开”：

第一，在 AED 分析患者心率时，不要接触患者身体，因可能会产生心电干扰，造成误判。在除颤过程中，也不要接触患者身体，因 AED 的放电有可能会对人造成损伤。

第二，如一次除颤后未恢复有效心律，在进行 5 个周期的心肺复苏除颤结束后，AED 2 分钟后会再次分析心律，给出提示继续进行除颤、心肺复苏的反复施救工作，直至急救人员到来。

切记：如果没有人工呼吸或 AED，而是持续地进行心脏按压，也非常重要！

（五）AED 的推广

《健康中国行动计划（2019—2030 年）》的落实，有力地推动了我国 AED 的普及，提高了救生措施的可及性和有效性，为我国公共卫生和安全的整体改善做出了贡献。但目前 AED 的覆盖范围仍然不完整且分布不均匀。

目前，深圳的 AED 覆盖全国第一，AED 的位置定位可在微信小程序上搜索。2021 年，上海地铁、北京首都机场 1、2 号航站楼等实现了 AED 全覆盖。2021 年 8 月，北京教委要求各学校至少配置一台 AED。2019 年 12 月起，心肺复苏和 AED 使用成为上海中小幼卫生、体育教师及班主任等的必修课。

第三部分　海姆利希急救法

海姆利希急救法被美国心脏协会（AHA）纳入 CPR 的重要内容。它不仅只用于气道异物的急救，而是保持气道通畅的重要办法。

注：美国心脏协会（American Heart Association，简称 AHA），是于 1924 年创立的一个从事复苏理论研究、培训和教育的权威机构，是国际学术界影响力较大、历史悠久的心血管学术团体，目的是降低心血管疾病的致残率和死亡率。多年来，AHA 开发和提供了许多高质量、高效率的心肺复苏和心血管急救培训课程，为社会各界提供专业的培训计划，以提高心搏骤停患者的生存率。

一、海姆利希急救法（Heimlich Maneuver）

呼吸道异物吸入是常见的危险性意外，正确的急救方法为海姆利希急救法。该方法是海姆利希教授于1974年发明的一种运用于呼吸道异物导致窒息的快速急救手法。在此后的12年中，这种急救法在美国就已经挽救了1万多人的生命。海姆利希教授也因此被世界名人录誉为“世界上挽救生命最多的人”。

呼吸道异物吸入后，若未及时正确处理，会有较高的死亡率。常见的拍打病人背部，或将手指伸进口腔咽喉排除异物的办法，不仅无效，反而可能使异物更深入呼吸道。

二、海姆利希急救法的原理

海姆利希急救法的灵感来自“气球受挤压，对气嘴产生较强的冲击力”。见图7－14。

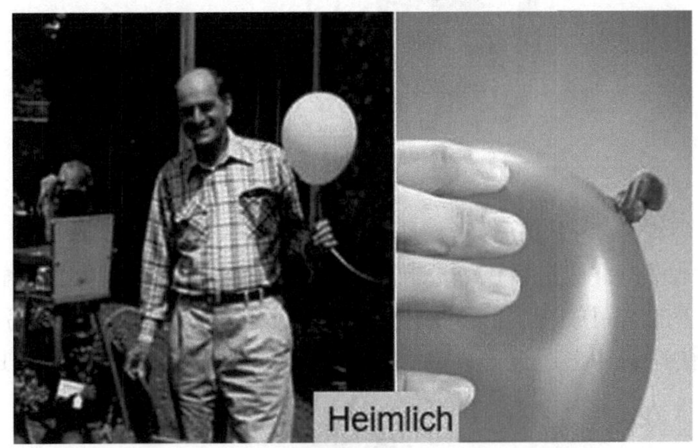

图7－14 海姆利希急救法的灵感来源示意图

海姆利希急救法的原理是利用施救者的双手对患者腹部进行快速向上的压迫，使患者腹腔内的压力迅速增大，从而将气道内的异物迅速排出，这样做能够在短时间内有效地解除患者的窒息症状，为患者争取宝贵的生命。

三、海姆利希急救法的操作及要求

（一）海姆利希急救法（成人）

1. 施救者站在病人背后，用两手臂环绕病人的腰部。
2. 一手握拳，将拳头的拇指一侧放在病人胸廓下和脐上（肚脐和肋骨之间）的腹部。
3. 用另一手抓住拳头，快速向上向里重击压迫病人的腹部。
4. 重复以上手法直到异物排出。见图7－15。

图 7 – 15　海姆利希急救法（成人）示意图

（二）海姆利希急救法（成人，无意识）

如果病人已无意识，应进行以下急救：使病人仰平卧，抢救者面对病人，骑跨在病人的大腿外侧，一手的掌跟放在胸廓下脐上的腹部（剑突和肚脐之间），另一手覆盖在手掌上；向前上方，快速地冲击压迫病人的腹部，重复至异物排出。见图 7 – 16。

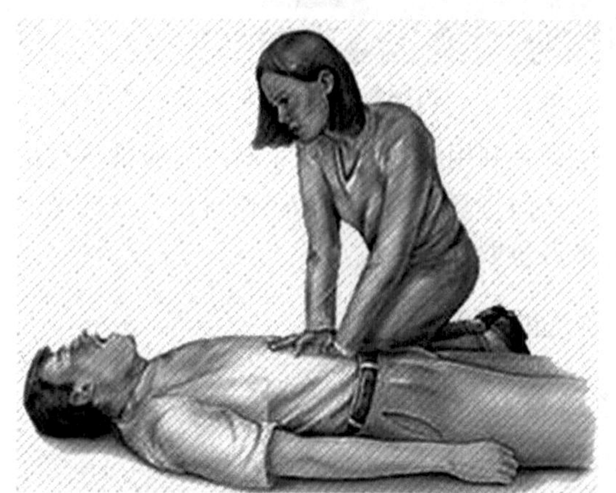

图 7 – 16　海姆利希急救法（成人，无意识）示意图

（三）海姆利希急救法（成人自救）

1. 方法一。

一手握拳，大拇指侧顶住上腹部，另一手抓住握拳的手迅速向上挤压，重复至异物排出。

2. 方法二。

可采用前述用于成人急救 4 个步骤中的 2、3、4 三步，或稍稍弯下腰去，靠在一个固定的水平物体上（如桌子边缘、椅背扶手、栏杆等），以物体边缘压迫上腹部，快速向上冲击重复至异物排出。方法一、二见图 7 – 17。

自我解救

方法一：

❶ 一只手握拳，并用大拇指的一侧顶住上腹部，在肋弓之下、肚脐之上

❷ 用另一只手抓住握拳的那只手，并迅速用力向上挤压

❸ 重复动作，直至导致窒息的物体排出

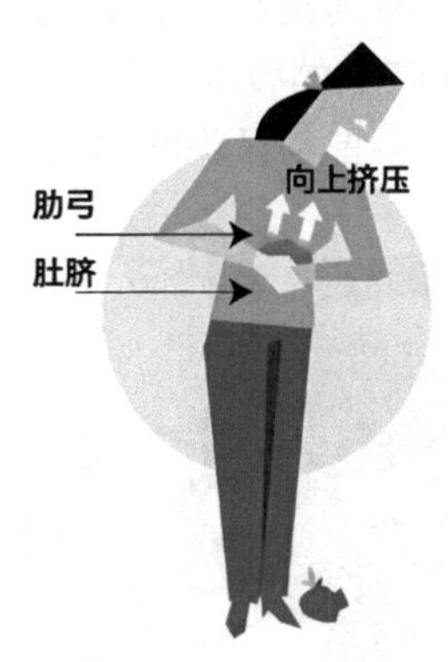

方法二：

❶ 依靠在一个固定的水平物体上（比如：桌子边缘、椅子、扶手等）

❷ 用物体的边缘对上腹部施压，制造出强大的向上冲击力

❸ 重复挤压，直至导致窒息的物体排出

图7－17　海姆利希急救法（成人自救）方法示意图

（四）海姆利希急救法（2岁以上儿童）

1. 施救者在孩子背后，双手放于孩子肚脐和胸骨间，一手握拳。

2. 另一手包住拳头，双臂用力收紧，瞬间按压孩子胸部。

3. 持续几次挤按，直到气管阻塞解除。见图7－18。

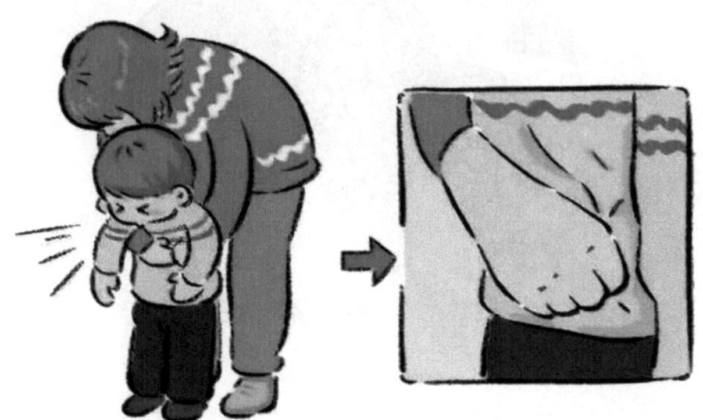

图7－18　海姆利希急救法（2岁以上儿童）示意图

（五）拍背法和压胸法交替（1岁及以下婴幼儿）

1. 抢救者屈膝跪坐地上。

2. 抱起宝宝，一只手捏住宝宝颧骨两侧，手臂贴着宝宝的前胸，另一只手托住宝宝后颈部，让其脸朝下，趴在救护人膝盖上。

3. 单手拍宝宝两肩胛骨之间，拍背5次，并观察宝宝是否将异物吐出。

4. 把宝宝翻过来，使其骑在抢救者的大腿上，面朝前。抢救者以一只手的中指或食指，放在宝宝胸廓下和脐上的腹部，另一只手托住宝宝的颈椎，快速向上压迫5次。

5. 重复上述动作，一直到异物吐出来为止。见图7－19。

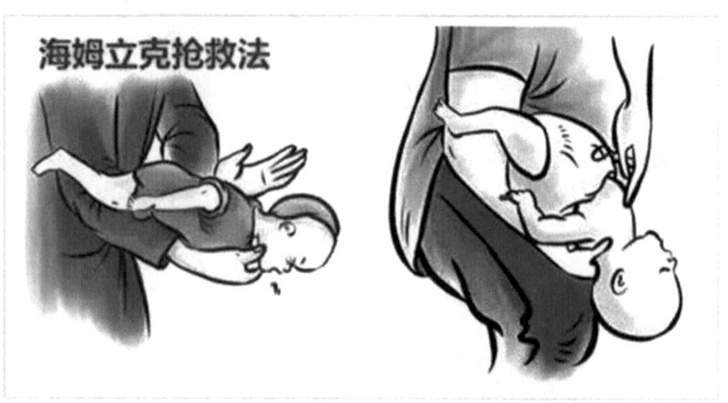

图7－19　拍背法和压胸法交替（适合1岁及以下婴幼儿）示意图

第四部分　脑震荡

一、定义

脑震荡是指头部受到外力打击，神经细胞和神经纤维受到震荡，而引起患者的一时性意识和功能障碍，病理则无明显改变。脑震荡多见于体操、篮球、自行车、摩托车、拳击、足球、摔跤、柔道等运动。脑震荡示意图见7－20。

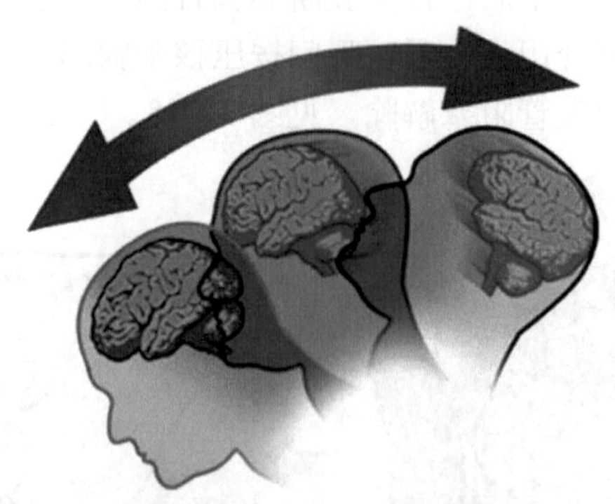

图7－20　脑震荡示意图

二、原因

（一）直接

头部受到外力打击。如足球、棒球、曲棍球等打击头部；摔倒、撞击、落下、受打击等。

（二）间接

臀部着地→力沿脊柱→头部→震荡。

三、病理

神经细胞和神经纤维受到震荡，而没有解剖结构的改变，是脑损伤中较轻的常见损伤。

四、症状

1. 意识障碍（昏迷或神志恍惚）。
2. “逆行性遗忘”。
3. 头痛、头晕（数日）。
4. 恶心、呕吐、情绪不稳等。

五、需立即送医的情况

1. 昏迷时间超过5分钟。
2. 两次及以上昏迷。
3. 两侧瞳孔不对称；耳、鼻出血或流清液（脑脊液），咽后壁、眼球青紫。
4. 恶心、呕吐、头痛、头晕症状严重。

注意：运送过程中应平卧、头颈固定，注意观察，送条件好的医院。

六、处理、治疗

1. 平卧、头部冷敷、急救穴位、CPR平卧送医院。
2. 卧床一周至症状消失，安神补脑，补充维生素、易消化有营养的食物等。
3. 闭目举臂单腿站立试验（判断可否恢复体育锻炼）。见表7－1。

表7－1　闭目举臂单腿站立试验标准

评价	男性（秒）	女性（秒）
非常好	>110	>110
较好	38～109	36～109
标准	13～37	12～35
较低	5～12	4～11
非常不好	<4	<3

七、脑震荡后遗症

脑震荡后遗症的常见症状与神经衰弱的症状类似，如经常性头疼、头晕、失眠、记忆力下降等。如果症状比较轻微，可能会痊愈；如果病情比较严重，可能无法痊愈。

注意：有研究提示，速度快、力量大的头球会对脑部形成猛烈的撞击，导致脑震荡甚至影响记忆，对青少年的影响会更大，呼吁小球员少用头球。

第五部分　颈椎骨折

一、颈椎骨折的原因

颈椎骨折大多是外伤所致，遭受暴力打击、车祸或从高处坠落等都可能造成颈椎骨折，颈椎骨折可能会造成脊髓损伤，后果通常较严重，可能导致瘫痪甚至死亡。

二、急救原则

1. 不要搬动伤员。
2. 固定头部（减少对脊髓的压迫）、纵向牵拉。
3. 等待专业人员的固定与搬运。颈椎骨折急救原则如图 7－21 所示。

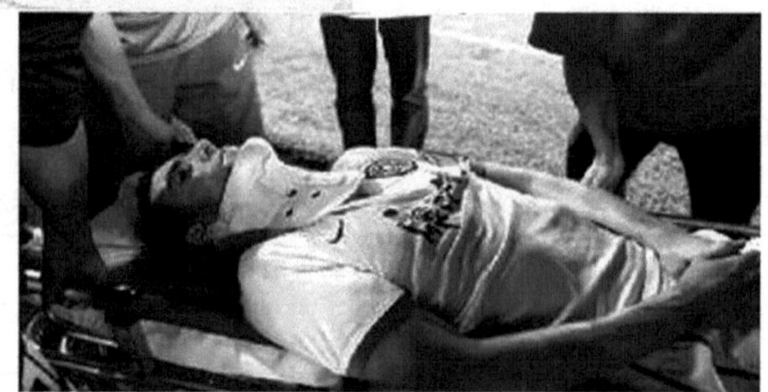

图 7－21　颈椎骨折急救原则示意图

案例8　心肺耐力的测试与评估

【关键词】健康体适能、心肺耐力、测试与评估

【适用课程】健康教育学、体适能测评与方法、体能训练、运动训练学、大学体育与健康体育保健学、学校体育学、社会体育指导员培训等

【案例知识点】心肺耐力测试、心肺耐力评估

【摘　要】本案例围绕健康体适能的核心指标——心肺耐力，依据世界卫生组织（WHO）、美国心脏协会（AHH）、美国运动医学学会（ACSM）等权威机构的研究结果，重点梳理了心肺耐力的测试评估方法，以便为提高心肺耐力提供科学实用的测试和评估参考。

第一部分：心肺耐力的相关概念及与健康的关系

一、健康体适能概念

世界卫生组织（WHO）关于体适能的定义为：体适能是指在应付日常工作之余，身体不会感到过度疲倦，还有余力去享受休闲及应对突发事件的能力。

美国运动医学学会（ACSM）对健康体适能的分类如下：

第一类，健康体适能。心肺耐力、身体成分、肌肉力量、肌肉耐力、柔韧性等。

第二类，运动体适能。灵敏、平衡、协调、速度、反应、爆发力等。

ACSM 的最新观点：

1. 目前，对健康体适能的关注和研究超过了运动体适能。
2. 健康体适能的测试已被用到健康促进和疾病预防中。
3. 一级、二级干预的目标是促进健康。
4. 重点应放在提高健康体适能上。

二、健康体适能的核心要素——心肺耐力

在健康体适能的诸多要素中，心肺耐力是最核心、最重要的。但长期以来，心肺耐力的重要性被低估。

生命体征是评价生命活动存在与否、质量高低的指标。公认的“四大生命体征”有：脉搏、呼吸、血压和体温。2016 年，美国运动医学学会将心肺耐力列为“第五大”生命体征，前所未有地将心肺耐力置于生命健康的最高地位。

三、心肺耐力的概念

“心肺耐力”也称“心血管循环耐力”“有氧耐力”“有氧运动能力”“心肺适能”等。

心肺耐力是机体运送和利用氧的综合能力，即个人的心脏与肺将空气中的氧气携入体内，并将氧气输送到相应的组织和细胞使其加以使用的能力，及其送出代谢废物的能力。

心肺耐力涉及呼吸道和肺、心脏和血管、血液中的红细胞、肌肉中的线粒体以及神经系统等多方面的相互配合。

心肺耐力是呼吸系统和心血管系统协同工作，将氧气运输到肌肉，供运动时肌肉收缩使用的一种能力。它是评价运动能力好坏的重要指标之一，也是评估身体健康程度的重要指标之一，能够反映总体的健康状态。

心肺耐力系统主要包括以下环节：肺通气与肺换气→心脏收缩舒张功能→血液输运氧气能力→肌肉接受利用氧气能力→心血管调节控制机制。见图 8－1。

图 8－1　心肺耐力系统示意图

心肺耐力作为全身大肌肉进行长时间运动的持久能力，主要表现在以下方面：

1. 心脏泵血能力和效率高；血管通畅，富有弹性。
2. 呼吸系统能力和效率高，氧和二氧化碳气体交换顺畅。
3. 利用氧气的能力高。

四、心肺耐力与健康的相关研究结果

死亡率、发病率等是衡量和研究整体健康水平的主要指标。

心肺耐力与健康状况、疾病死亡风险等关系的研究是公共健康与运动科学领域最活跃的研究方向之一。

流行病和临床研究的结果显示：心肺耐力水平低下与心血管疾病、全因死亡风险、癌症死亡率增加等有密切关联。心肺耐力能够对健康、心血管疾病、心衰、手术风险、2 型糖尿病、抑郁等提供风险预测。心肺耐力提高则意味着减少疾病发生和减少死亡，延长寿命。通过有氧运动可提高心肺耐力，能够改善健康状况。

（一）心肺耐力与死亡率成反比关系

心肺耐力与健康、生命体征高度相关，虽然不像呼吸、心跳那样会马上影响人的生命体征，但它可以强有力地影响未来的生命体征和生命质量。心肺耐力差直接导致更容易、更早地发生死亡。

从 20 世纪 50 年代开始，各界对心肺耐力进行了广泛而深入的研究。已有大量的研究证实，心肺耐力和死亡率之间成反比关系，即无论男女，心肺耐力越低，死亡率越高。

（二）心肺耐力的差别导致明显的寿命差距

丹麦学者选取了5107名中年男性，进行了长达46年的跟踪分析，采用心肺功能（CRF）作为体能评价标准的基础。他的研究发现，CRF低于平均水平的男性和高于平均水平的男性能出现超过5年的寿命差距，且体能与寿命呈现线性关系。

《美国心脏病学会杂志》（*Journal of the American College of Cardiology*）发表了美国斯坦福大学、罗格斯大学等机构人员的研究论文，研究结果显示：

1. 通过对75万余人组成的样本进行分析后发现，心肺耐力水平和全因死亡率之间存在显著负向关联。

2. 当参与者的心肺耐力达到最强时，死亡风险最低。

3. 与心肺耐力高的人相比，拥有最低心肺耐力的参与者死亡风险增加了309%。

4. 拥有极好的心肺耐力，还能使参与者延长6～6.7年的寿命。

研究选择了标准化的运动跑步机测试（ETT）作为评估心肺功能的方法，并记录下最大代谢当量（MET）水平，依照MET排序75万名参与者的心肺耐力，被分为极度健康、非常健康、健康、中等、较低、最低6个等级。

研究借助大样本、长时程随访队列，证明了心肺耐力和死亡风险的负向关联不受性别、年龄、种族等因素影响，即无论如何分类，“更高的心肺耐力对应着更低的死亡风险”这一关联始终存在。心肺耐力较佳，可以使运动持续较久，且不会很快疲倦，使工作时间更久、更有效率。在长达10.2年的随访期间，研究人员发现：

（1）死亡风险随着心肺耐力的减少逐渐增加。

（2）相比极度健康组，随着心肺耐力水平的下降，各组全因死亡风险呈逐渐上升趋势。见表8－1。

表8－1　心肺耐力水平与死亡风险的相关关系

序号	组别	与极度健康组相比，全因死亡风险呈逐渐上升趋势
1	非常健康	39%
2	健康	66%
3	中等	113%
4	较低	188%
5	最低心肺耐力组	309%

（三）有氧运动能力与早亡、死亡率转折的关系

瑞典哥德堡大学莱登瓦尔博士及其研究团队对792名男性参试者进行了长达40多年的调查，结果显示，有氧运动能力差，会增加早亡风险。

最初参与调查时，参试者的年龄都在50岁左右。在调查期内，参试者会接受运动能力测试，其中656名参试者还接受最大限度运动测试（最大摄氧量测试），对参试者的最大摄氧量从低到高分成3个级别，然后对参试者的健康数据进行跟踪调查，结果发现，拥

有更高的最大摄氧量的人，死亡率更低。参试者最大摄氧量每提高一个级别，其死亡风险就会降低21%。研究人员将血压、吸烟和血脂等因素纳入考虑范畴之后，这一结果依然成立。（研究团队表示，下一步将针对女性进行研究，让研究结果更具普遍性。这一研究鼓励民众积极行动，增强自身运动能力，提高最大摄氧量，以便更健康、更长寿。）

三边等人（1998）的研究显示，无论男女，摄氧量在42mL/（kg·min）以上时，成人病发病率显著减少。

（四）心肺耐力与健康预测的相关研究

研究普遍认为，吸烟、肥胖、“三高”（高血压、高血脂、高血糖）是危害健康和增加死亡风险的重要因素。但相关研究显示，心肺耐力比上述因素对健康的影响更大。

相关研究显示，心肺耐力是预测死亡风险的指标。在预测由疾病导致的死亡方面，心肺耐力比抽烟、高血压、高血脂和糖尿病更加准确。心肺耐力差会有如下风险：心血管疾病、癌症等疾病的死亡率增加；未来发生心血管疾病的概率很高；未达到平均预期寿命（即早亡）等。

（五）心肺耐力与发病率的相关研究

心肺耐力与发病率有较大的关联。美国心脏协会指出，大量的科学研究证明心肺耐力差不仅会导致人们更容易发生心血管疾病，还使得包括癌症在内的各种疾病的死亡率都会增加。

1. 降低高血压风险。

Xuemei Sui，Mark 等人对 Cooper 研究中心 4932 人进行跟踪研究后发现，中年人群心肺耐力不断提高，罹患高血压的风险会不断降低。

Jae SY 等人在芬兰进行了 11 年的跟踪研究，结果显示：低心肺耐力者高血压的发病率更高。在其研究中，与心肺耐力低于 6 个代谢当量的受试者相比，心肺耐力高于 12 个代谢当量的人群，高血压风险将降低 20%。

2. 降低糖尿病风险。

美国 Cooper 研究中心通过一系列研究发现，心肺耐力与糖尿病的关系非常密切：1999 年发表的一项为期 6 年的追踪研究报告显示，除了年龄、吸烟、酗酒、父母糖尿病史因素以外，低水平心肺耐力者比高水平心肺耐力者空腹血糖受损发生率高 1.9 倍，患糖尿病风险高 3.7 倍；2008 年发表的研究报告对 6249 名女性（20～79 岁）进行了 17 年的追踪，发现低水平心肺耐力和肥胖，都与 2 型糖尿病有着直接关系。心肺耐力好，能耐受更长时间的体力活动，说明肌肉力量也比较强。而肌肉是葡萄糖的主要消耗场所。所以心肺耐力好的人，糖尿病风险也更低。

3. 降低房颤、心衰风险。

房颤是十分常见的心律失常，它是脑卒中、心衰的重要危险因素。而研究指出，心肺耐力较高的人群，房颤发生率较低。著名的 FIT 研究中也得出，心肺耐力高于 12 个代谢当量，房颤发生率降低 62%。

一项对 1873 名年龄分布在 42～61 岁的人群，历经 20.4 年的前瞻性研究显示，心肺耐力较高的人群，心衰发生率较低。其他一些有关体力活动与心衰发病率关系的研究也表明，较高水平的体力活动、心肺耐力，与心衰发病率呈负相关关系。

4. 降低脑血管意外风险。

一项对 46405 名男性和 15282 名未发现心肌梗死或卒中的女性进行的研究发现，心肺耐力与卒中风险呈负相关关系。心肺耐力最低界限提高 7～8 代谢当量，男性与女性的总中风率会显著下降。

5. 降低罹患癌症的概率。

美国国家癌症研究所发现，运动最多的人平均每天快走超过 1 小时，患食管癌的概率少 42%、肝癌少 27%、肾癌少 23%，患病概率降低超 20% 的还有胃癌、子宫内膜癌及骨髓性白血病等。

6. 降低脂肪肝风险。

芬兰图尔库大学研究人员分析了 463 名参与脚踏车试验人员的数据后发现，心肺耐力越好，脂肪肝风险越低；不论体重如何，提高心肺功能都有助于预防脂肪肝。

7. 改善抑郁情绪。

运动对改善抑郁情绪，提升愉悦感也是有效的，因为运动时可降低人对自身的注意力，适当减弱抑郁的感觉；运动还能使血流畅通，减轻疲乏感觉的同时还可改善思考能力，恢复对生活的控制能力。

8. 其他。

如骨密度与心肺耐力联系密切。提高心肺耐力可减少骨质流失、预防骨质疏松等。

（六）运动对提高心肺耐力的相关研究

理论和实践都证实，有氧运动是锻炼心脏的最佳方式。通过有氧运动等练习，可有效提高心肺耐力，显著提升健康水平。

研究还显示，最大摄氧量（评价心肺耐力的核心指标）每提高 3.5mL/（kg·min），生存改善就会提高 10%～25%。

第二部分　心肺耐力的测试和评估

心肺耐力的测试和评估分为安静状态和运动状态两种。安静状态的测评较为简单，但运动后的测评更加准确。以下重点介绍运动后的测试和评估。

一、心肺耐力（有氧耐力）的评估

心肺耐力作为一种与健康密切相关的身体能力，测试评估的思路有：

1. 完成规定的运动，通过比较完成时间的长短、轻松度等，评定心肺耐力的水平高低。
2. 在规定时间内完成更多运动量，评定心肺耐力的水平高低。
3. 不固定时间、不固定运动量，评价极限运动量或亚极限运动量下的心肺耐力的水平高低。

二、心肺耐力（有氧耐力）的测试

心肺耐力（有氧耐力）测试的方法主要有：固定运动量、固定运动时间、不固定等三类。

心肺耐力（有氧耐力）测试的指标应选择公认度较高的指标，如运动生理学、运动生物化学、医学等指标，如最大摄氧量。

心肺耐力（有氧耐力）测试的场地分为实验室和运动场。

心肺耐力（有氧耐力）测试的设备分为精准和简易。

心肺耐力（有氧耐力）测试的方法、评价、场地和设备，见表 8－2。

表 8－2　心肺耐力（有氧耐力）测试的方法、指标、场地和设备

序号	测试		具体内容
1	方法	固定运动量	800 米、1500 米、往返跑、1 英里跑
		固定运动时间	12 分钟跑、6 分钟走、3 分钟上下台阶……
		不固定	极限强度、亚极限强度、YoYo 测试……
2	评价	公认度较高的指标	1. 最大摄氧量、乳酸阈、无氧代谢阈、心率变化……
			2. 运动时间、距离等的成绩……
3	场地和设备	实验室	准确、设备要求高，适合人少、运动形式少
		运动场	简易、运动形式多，适合人多

三、评价心肺耐力的常用指标

（一）常用的测试指标

1. 运动场

在运动场进行测试，常采用时间、距离、心率等训练学、生理学指标。

2. 实验室

在实验室进行测试，常采用最大摄氧量、乳酸阈、通气阈、最大乳酸平台速度、乳酸堆积点速度、乳酸阈临界跑速、临界游速（CV）等运动生理学、运动生物化学指标。此类指标较为准确，但对测试仪器设备要求较高。

不同测试场地常用的测试指标，见图 8－2。

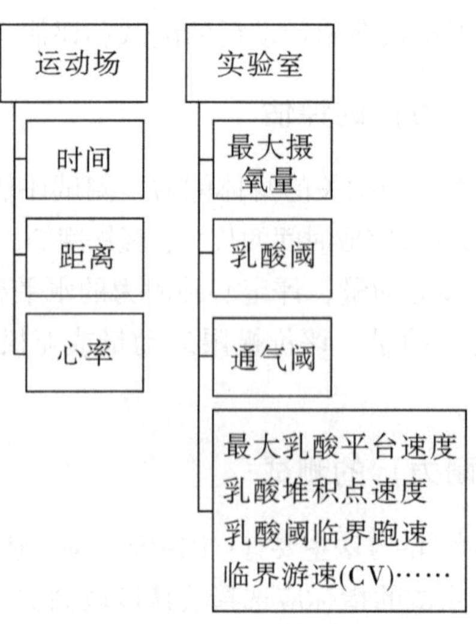

图 8－2　心肺耐力的主要评价指标

（二）不同人群适用的常用测试指标

不同人群，如运动员、学生、健身人群、心血管病人等，适用的测试指标不同，见图8-3。

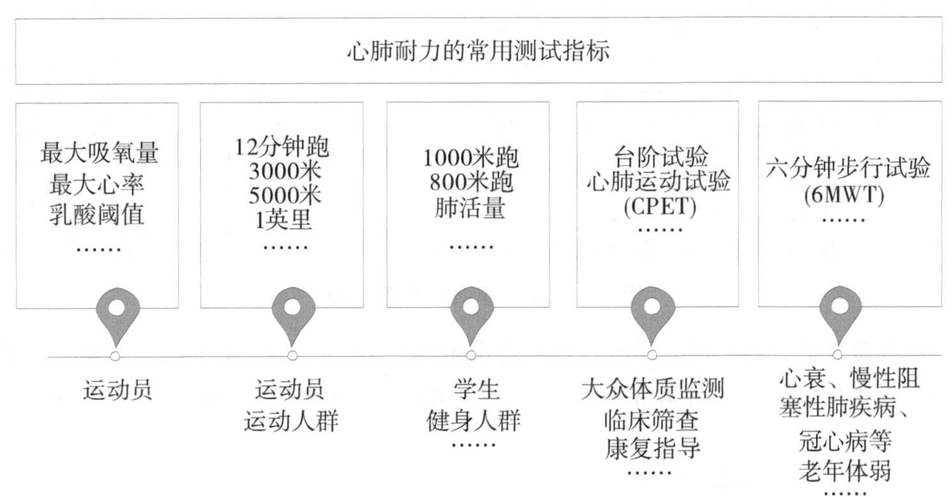

图8－3　心肺耐力的常用测试指标

四、常用测试指标的说明

常用的、公认度较高的心肺耐力（有氧耐力）测试有：最大摄氧量、乳酸阈或个体乳酸阈、心肺运动试验、3分钟台阶试验、12分钟跑、六分钟步行试验、YOYO测试等。

（一）最大摄氧量

最大摄氧量（Maximal Oxygen Consumption，简称VO_{2max}）指人体在进行有大量肌肉群参与的长时间剧烈运动，当心肺功能和肌肉利用氧的能力达到本人的极限水平时，单位时间内所能摄取的氧量。

最大摄氧量VO_{2max}能直接反映个人的最大有氧代谢能力，反映了机体吸入氧、运输氧和利用氧的能力，是评定人体有氧工作能力重要的、最适宜的综合性指标。

1. 直接测定法

人体在进行递增负荷的大肌肉群参与的极限运动中，当增加运动强度，受试者的摄氧量不再随强度增加而增加时，测得的摄氧量为最大摄氧量。最大摄氧量的直接测试见图8-4。

年龄	很差	较差	中等	良好	很好	优秀	运动员水平
女性[mL/(kg·min)]							
20~29	<28	29~34	35~43	44~48	49~53	54~59	>60
30~39	<27	28~33	34~41	42~47	48~52	53~58	>59
40~49	<25	26~31	32~40	41~45	46~50	51~56	>57
50~65	<21	22~28	29~36	37~41	42~45	46~49	>50
男性[mL/(kg·min)]							
20~29	<38	39~43	44~51	52~56	57~62	63~69	>70
30~39	<34	35~39	40~47	48~51	52~57	58~64	>65
40~49	<30	31~35	36~43	44~47	48~53	54~60	>61
50~59	<25	26~31	32~39	40~43	44~48	49~44	>56
60~69	<21	22~26	27~35	36~39	40~44	45~49	>50

图 8－4　最大摄氧量的直接测试

运动强度从低开始，每分钟有规律地逐渐增加，测试一般持续 8～15 分钟。运动停止时，分析呼吸出的气体，计算出最大摄氧量。单位为毫升/（千克·分）［mL/（kg·min）］。

2. 间接推算法（估算公式）。

间接推算法是根据公式进行的推算，其数据只能作为参考值。

（1）Cooper 12 分钟跑法。

Cooper 12 分钟跑测试是根据 12 分钟内跑者跑的最长距离来计算的。

$VO_{2\,Max}$ =（d_{12} －505）/45（注：d_{12} 为 12 分钟跑动距离）

如 12 分钟跑 3000m，最大摄氧量 =（3000－505）/45 = 55.4mL/（kg·min）。

（2）Astrand－Ryhmin 列线图法。

受试者进行亚极限运动时，根据其心率及达到某一特定心率的做功量来推算或预测出最大摄氧量。

（3）Fick 公式法。

通过 Fick 公式计算肌肉最大收缩时的最大摄氧量。

$VO_{2\,Max} = Q\,(CaO_2 - CvO_2)$

注：Q 为心输出量，CaO_2 为动脉血氧含量，CvO_2 为静脉血氧含量。

（4）摄氧量峰值（peak $VO_{2\,max}$）。

测试方法与最大摄氧量直接测定法相同，区别是峰值法测定的运动时间更取决于受试者的感受。运动过程中，当受试者感觉不适，摄氧量达到的最大值能保持 1 分钟，即可认为此摄氧量值为摄氧量峰值。

（5）1 英里（约 1.6km）步行测试。

以最快速度步行 1.6 公里，结束后测试运动后即刻心率，计算公式为：

$VO_{2\,max}$ = 132.853－0.035×体重（千克）－0.3877×年龄＋6.315×性别－3.2649×时间（分钟）－0.1565×心率（次/分）

（6）1.5 英里（约 2.4km）测试。

跑动 2.4km 需要的最短时间，计算公式为：

$VO_{2\,max}$ = 平均跑速（米/分）×0.2＋3.5

3. 跑步手表、手机 App 等。

跑步手表和手机 App 会根据跑者的跑步速度、心率和心率变化数据进行计算而推算得到 VO_{2max} 的数值，见图 8－5。

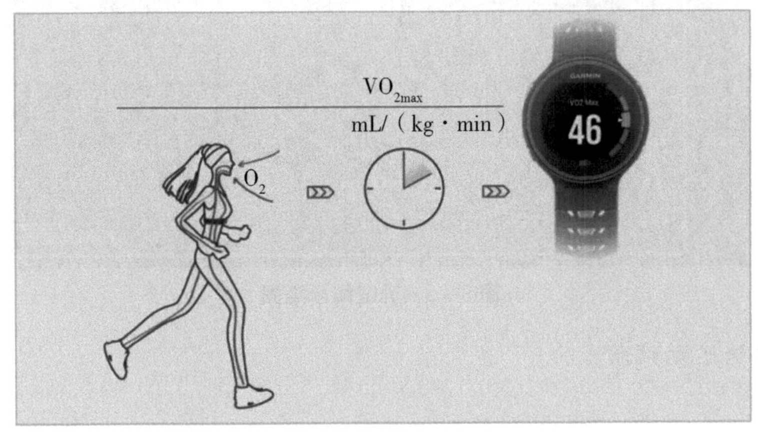

图 8－5　跑步手表估算最大摄氧量示意图

附：最大摄氧量 VO_{2max} 参考值

最大摄氧量 VO_{2max} 指标越高，说明心血管系统和心肺功能越好。一般来说，正常成年男子最大摄氧量相对值为 50～55mL/（kg·min），女子为 40～45mL/（kg·min）。从事耐力训练的运动员，最大摄氧量比一般人要高，少数可达 90mL/（kg·min）。

（二）乳酸阈或个体乳酸阈

乳酸阈（Lactate Threshold，LT）或个体乳酸阈（Individual Lactic Acid Threshold，ILAT）更能反映运动员的有氧工作能力。

乳酸阈是从有氧运动到无氧运动的临界点，机体由有氧供能为主转入无氧供能为主。在该临界强度以下是有氧运动，在该临界强度以上就是无氧运动。

在递增负荷运动中，血乳酸浓度随运动负荷的递增而增加。当运动强度达到某一负荷时，血乳酸浓度会急剧增加，该乳酸拐点即为乳酸阈，所对应的运动强度即乳酸强度，反映了机体的代谢方式由有氧代谢为主过渡到无氧代谢为主的临界点或转折点，其阈值的高低能反映人体有氧工作能力的强弱。乳酸阈值越高，其有氧工作能力越强，在同样的递增负荷运动中无氧代谢供能动员则越晚。即在较高运动负荷时，可以最大限度地利用有氧代谢而不过早动员无氧代谢供能，使乳酸积累快速增加，单位为 mmol/L（毫摩尔/每升）。

乳酸代谢存在较大的个体差异，递增负荷运动时血乳酸急剧上升时的乳酸水平在 1.4～7.5mmol/L。个体在递增负荷运动中乳酸拐点为“个体乳酸阈”。该阈值能客观和准确地评定机体有氧工作能力的高低。个体乳酸阈强度是发展有氧耐力的最佳强度。

注：受试者在递增负荷运动试验中，连续采集每一级运动负荷时的血样，以测得其血乳酸值。以运动负荷时做功量为横坐标，血乳酸浓度为纵坐标作图，将乳酸急剧增加的拐点对应的血乳酸浓度确定为乳酸阈或个体乳酸阈，此时的运动强度即乳酸阈强度，见图 8-6。

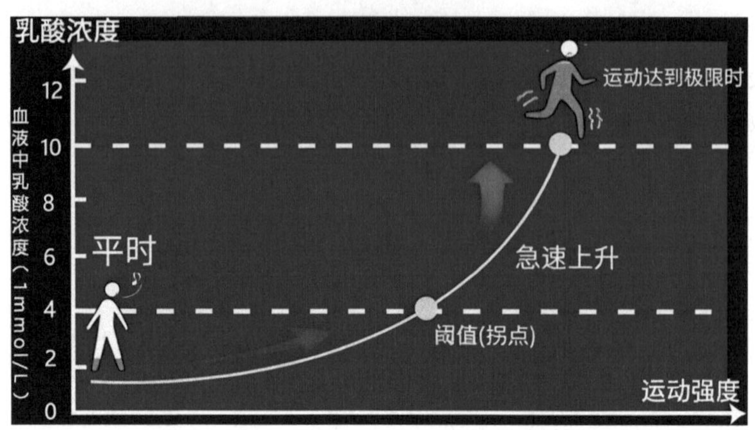

图 8－6　乳酸阈示意图

（三）心肺运动试验

1. 概念。

心肺运动试验（Cardiopulmonary Exercise Test，CPET）为一种诊查手段，是对运动的受试者进行连续的心电图、血压、血氧饱和度及气体代谢参数的同步监测，是定量评价心肺功能的有效测试技术。

CPET 在“逐步递增的运动负荷”下检测人体的心肺功能指标，经过对各项参数的综合分析，了解心脏、肺脏和循环系统之间的相互作用与贮备能力，客观而全面地评价受试者的心肺耐力。

CPET 可提供呼吸系统、循环系统、气体代谢、骨骼肌利用氧能力等大量参数指标，如摄氧量、二氧化碳排出量、心率、血压、血氧饱和度和心电图等。测试过程为静息→热身→功率递增→恢复等，历时 30 分钟左右。

2. 特点及测试方法。

CPET 的无创、定量、敏感等特点，是目前使用最普遍的准确衡量人体呼吸和循环功能水平的心肺功能检测方法，是评估心肺耐力的金标准。不同于单纯观察心电图改变的运动试验和静态肺功能检查，它是客观评价心肺储备功能和运动耐力的无创性检测方法，是国际上普遍使用的衡量人体呼吸和循环机能水平的肺功能检查之一，是国际公认的评估心肺储备能力的“金标准”。

心肺运动试验采用的主要运动形式有两种，即平板（跑台）和踏车（功率自行车），见图 8－7。其中，测试踏车相对安全、方便。两种运动形式的情况比较，见表 8－3。

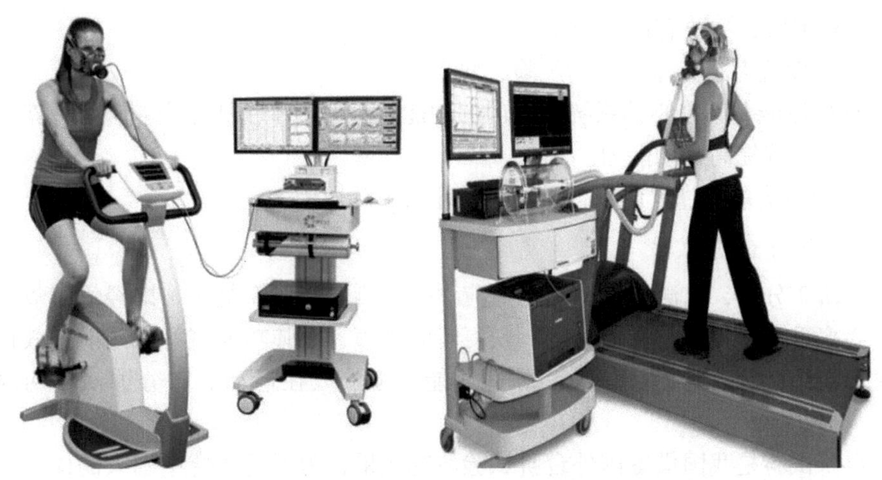

图8－7　心肺运动试验（CPET）的两种运动形式

表8－3　心肺运动试验（CPET）两种运动形式的情况比较

特点	平板（跑台）测试	踏车（功率自行车）测试
可精确计算功率		√
更高的安全性		√
更准确的峰值摄氧量	√	√
适用于协调能力差者	√	√
避免心电图、血压的测量伪差		√

3. CPET的主要应用情况。

（1）确认功能正常与异常（健康、亚健康及健康管理的零级预防）。

（2）预测（健康人群的运动风险；发生高血压的风险；心衰和慢性阻塞性肺疾病等死亡/存活预后等）。

（3）早期诊断（高血压、心肌缺血、肺动脉高压；不明原因的心慌、胸闷等）。

（4）诊断与鉴别诊断（区分左、右心衰，区分心、肺源性；辅助诊断冠心病、量化评估心功能不全等；AHA指南强调：慢性呼吸困难患者诊断和评估，可以首选CPET）。

（5）评估（客观定量评估各种治疗效果；评估手术、麻醉风险；疾病功能受限严重程度客观定量分级，如心衰、慢性阻塞性肺疾病等；劳动能力丧失的客观定量评估/鉴定等）。

（6）职业病的诊断、评估和指导。

（7）指导制订运动处方。

（8）高危疾患监测（减少猝死风险等）。

4. 建议。

全民健身与全民健康深度融合，使户外运动逐渐成为广大群众喜闻乐见的运动方式。国家国民体质监测中心数据显示，跑步是中国成年人参与度最高的运动之一，参与比例达19.8%。大众参与的马拉松、半程马拉松、越野跑等呈井喷式发展。建议参赛者进行心肺运动试验（CPET），主要有以下作用：

（1）及早发现潜在心血管疾病风险，防患于未然。

（2）评估体能尤其是心肺系统和肌肉的功能状态，便于个体化定制训练方案并追踪进步，通过科学训练提高运动能力。

（3）帮助确认是否过度训练，寻找运动能力下降原因等。

（四）3 分钟台阶试验

上下台阶 3 分钟，以测试心肺功能适应水平。测定心率恢复率，即经过有氧运动心率升高后，心率重新恢复正常所需时间。恢复时间越短，心肺功能越好，越能有效地将氧气输送到肌肉组织，有氧耐力越好。心肺适应能力强的人在运动后 3 分钟恢复期内心跳频率低。

改良台阶试验是我国借鉴国外台阶试验研究成果，为了更适合中国人的体型特点做的改良试验。该试验测试主要用于评定中国人的心血管功能，反映心肺功能和健康水平。台阶高度（男 30cm，女 25cm），节拍器调整为 120 次每分钟的频率，上下台阶 3 分钟。3 分钟到，立刻测心率，并记录 3 个恢复期的心率（1 分钟至 1 分 30 秒、2 分钟至 2 分 30 秒、3 分钟至 3 分 30 秒）。使用下面公式计算心肺耐力指数或台阶指数：

心肺耐力指数 = 登台阶运动持续时间（s） ×100/（2 × 恢复期 3 次心率之和）

该指数越高代表心肺功能越差，男性大于 110、女性大于 120 代表心肺功能弱。

注：如果受试者 3 次不能按照节拍器频率完成运动或无法坚持运动，应立刻停止运动，记录运动时间，按照同样的方式记录 3 个恢复期心率，并同样用公式来计算心肺耐力指数。

3 分钟台阶试验可以在室内进行，能适合不同程度身体条件的人，且不需要昂贵的设施，并可以在很短的时间内完成。台阶试验示意图如图 8 –8 所示，3 分钟台阶试验参考标准如表 8 –4 所示。

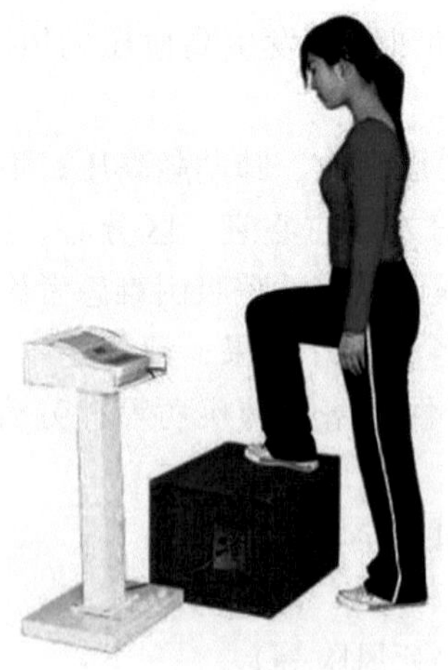

图 8 –8　台阶试验示意图

表 8－4　3 分钟台阶试验参考标准

性别	年龄	很差	差	低于平均	平均	高于平均
男性	18 ~ 25	131 ~ 164	118 ~ 126	107 ~ 114	101 ~ 104	91 ~ 97
	26 ~ 35	130 ~ 164	119 ~ 1126	109 ~ 116	101 ~ 106	91 ~ 97
	36 ~ 45	132 ~ 168	120 ~ 128	113 ~ 118	105 ~ 111	98 ~ 102
	46 ~ 55	135 ~ 158	124 ~ 130	118 ~ 121	109 ~ 115	99 ~ 103
	56 ~ 65	131 ~ 150	122 ~ 128	113 ~ 118	105 ~ 111	98 ~ 101
	66 +	133 ~ 152	122 ~ 128	114 ~ 119	104 ~ 113	97 ~ 102
女性	18 ~ 25	142 ~ 155	128 ~ 137	118 ~ 124	110 ~ 116	100 ~ 106
	26 ~ 35	141 ~ 154	129 ~ 135	121 ~ 127	112 ~ 118	103 ~ 110
	36 ~ 45	143 ~ 152	130 ~ 138	120 ~ 127	111 ~ 117	104 ~ 109
	46 ~ 55	138 ~ 152	127 ~ 133	121 ~ 126	117 ~ 120	106 ~ 113
	56 ~ 65	142 ~ 151	129 ~ 136	119 ~ 127	113 ~ 117	106 ~ 111
	66 +	135 ~ 151	129 ~ 134	123 ~ 127	117 ~ 121	104 ~ 114

（五）12 分钟跑（Cooper Test）

12 分钟跑（Cooper Test）是由库珀（Ken Cooper）博士在 1968 年研发的，最早用于军队的测试，用于预估军人的最大摄氧量。测试者需要在 12 分钟内跑或者走最长的距离。12 分钟跑现广泛应用于运动员、消防员、有经验的跑者等的体能测试，可团体测试。12 分钟跑参考标准见表 8－5 所示。

因 12 分钟跑是一项高强度的测试，初级跑者不建议进行测试。

表 8－5　12 分钟跑测试参考标准

单位：米

年龄	性别	优秀	良好	平均	差	很差
13 ~ 14 岁	男	>2700	2400 ~ 2700	2200 ~ 2399	2100 ~ 2199	<2100
	女	>2000	1900 ~ 2000	1600 ~ 1899	1500 ~ 1599	<1500
15 ~ 16 岁	男	>2800	2500 ~ 2800	2300 ~ 2499	2200 ~ 2299	<2200
	女	>2100	2000 ~ 2100	1700 ~ 1999	1600 ~ 1699	<1600
17 ~ 19 岁	男	>3000	2700 ~ 3000	2500 ~ 2699	2300 ~ 2499	<2300
	女	>2300	2100 ~ 2300	1800 ~ 2099	1700 ~ 1799	<1700
20 ~ 29 岁	男	>2800	2400 ~ 2800	2200 ~ 2399	1600 ~ 2199	<1600
	女	>2700	2200 ~ 2700	1800 ~ 2199	1500 ~ 1799	<1500

续 表

年龄	性别	优秀	良好	平均	差	很差
30~39岁	男	>2700	2300~2700	1900~2299	1500~1899	<1500
	女	>2500	2000~2500	1700~1999	1400~1699	<1400
40~49岁	男	>2500	2100~2500	1700~2099	1400~1699	<1400
	女	>2300	1900~2300	1500~1899	1200~1499	<1200
50+岁	男	>2400	2000~2400	1600~1999	1300~1599	<1300
	女	>2200	1700~2200	1400~1699	1100~1399	<1100

（六）6分钟步行试验

6分钟步行试验测试受试者在6分钟内，在平坦硬地上，以能耐受的最大速度步行的距离，它可以很好地反映受试者完成日常体力活动（次大量活动）的功能代偿能力，常用于心脏病患者的临床诊断和康复指导。

1985年Guyatt等率先将6分钟步行试验（6-Minute Walk Test，6MWT）应用于评价心力衰竭（HF）患者的活动能力。2001年美国心脏病协会和欧洲心脏病协会把6MWT列入心力衰竭患者评价心功能和预测预后的一线诊断实验。2002年ATS（美国胸科协会）颁布了6MWT指南，并屡次更新将其作为一种亚极量运动试验。6MWT能较好地复制受试者日常生理状态，反映患者生理状态下的心功能，是一种无创、简单、安全的临床试验。6分钟步行试验的禁忌证、准备、设备等见表8-6。

表8-6　六分钟步行试验的禁忌证、准备、设备等

序号	内容	具体要求
1	禁忌证	绝对禁忌证：近1个月内出现的不稳定型心绞痛或心肌梗死
		相对禁忌证：静息心率>120/min，收缩压>180mmHg和舒张压>100mmHg
2	准备	（1）向患者及家属说明检查的必要性及注意事项；（2）试验前应复制患者近6个月的静息心电图；（3）应准备好相关抢救药物以便随时应用
3	场地	（1）室内封闭走廊，应少有人走动；（2）地面平直坚硬，路长应达50m，无条件可用20m或30m；（3）折返处置锥形标记
4	设备	计时器和圈数计数器、氧气源（如需要）、血压计、除颤器、记录表、便于推动的椅子、标记折返点的标记物
5	患者准备	（1）穿舒适的衣服和鞋子；（2）晨间和午后进行试验的患者试验前可少量进餐；（3）试验前2h内患者不要做剧烈运动，不需进行热身活动；（4）患者应继续应用原有的治疗；（5）可以使用日常的行走工具（如拐杖等）

续　表

序号	内容	具体要求
6	步骤	（1）同一患者应在相同的时间进行；（2）试验前患者在起点休息至少10min，核查有无禁忌证，测量脉搏和血压，填记录表，向患者介绍试验过程；（3）患者站起，用Borg分级评价患者运动前呼吸困难和全身疲劳情况；（4）计时器设定到6min；（5）一旦开始行走，启动计时器，不要说话，不能跑跳，折返处不能犹豫，允许患者必要时放慢速度，监测人员每分钟报时一次；（6）结束前15s告知患者。如提前终止，则要患者立即休息并记录提前终止的地点、时间和原因；（7）记下计数器记录的圈数，统计患者总步行距离，填记录表
7	中止原因	（1）胸痛；（2）难以忍受的呼吸困难；（3）下肢痉挛；（4）步履蹒跚；（5）出汗；（6）面色苍白
8	注意事项	（1）医生要具备心肺复苏术能力，需要时应保证相关的抢救人员到场；（2）长期吸氧者应按照原先速率吸氧，或按照医嘱、试验方案给氧
9	评价	步行距离≤300m，一级心衰 300～375m之间，二级心衰 375～449.9m，三级心衰 ≥450m，心功能正常（距离越小心肺功能越差）

（七）其他有氧能力测试

有氧能力测试的方法较多，如NSCA CPT和NSCA CSCS认证的有氧能力测试（NSCA为国家体能协会，NSCA CPT为注册私人教练证书，NSCA CSCS为美国体能协会注册体能训练专家证书），YOYO测试（20米多阶段体能测试、MSFT、“哔声测试”），1.5英里（约2.4km）跑测试（为高阶段的心肺功能测试，适用于体能较好的人），YMCA功率自行车测试。有氧能力测试情况见表8－7。

表8－7　有氧能力测试

有氧能力测试	要求	图示
YOYO测试	20米折返跑，由慢到快，共有20级不同的速度指标	

续 表

有氧能力测试	要求	图示
1.5 英里跑测试	在 1.5 英里距离且表面良好的跑步场地测试，测试前进行热身和拉伸	
YMCA 功率自行车测试	针对心血管耐力的亚最大强度梯级运动测试，每级 3 分钟，将心率提升至估算的最大心率的 85%，每级的第 2 分钟和第 3 分钟的最后 15～30 秒测量心率	
……	……	……

附：生活化的心肺耐力测试指标

生活化的心肺耐力测试指标见表 8－8 所示。

表 8－8　心肺耐力的自我简易判断方法和参考标准表

序号	测试名称	参考标准
1	血压检查	收缩压与舒张压之比，正常值约为 1.5。若低于 1.25 或高于 1.75，说明心肺功能较差
2	憋气试验	能憋气 30 秒钟表示心肺功能很好；能憋气 20 秒钟以上者也不错
3	登楼试验	能用比平常略快的速度一口气登上三楼，不感到明显气急与胸闷，说明心肺耐力良好
4	哈气试验	距离一尺左右（1 米等于 3 尺）点燃一根火柴，使劲哈口气，能将火焰熄灭则说明心肺功能不错
5	小运动量试验	原地跑步，脉搏增加到 100～120 次/分钟后停止活动，如能在 3～4 分钟内脉搏恢复正常者，心肺功能正常
6	起卧试验	安静平躺，在 30 秒钟内快速来回坐起、平躺。如果脉搏每分钟加快 10～20 次，血压下降幅度小于 10 毫米汞柱，表示心肺功能良好；相反，脉搏每分钟加快 20 次以上，血压下降幅度超过 10 毫米汞柱，甚至出现恶心、呕吐、眩晕、冷汗等现象，说明心肺功能很差

案例9　有氧运动及运动强度

【关键词】有氧运动、运动强度、评定指标

【适用课程】健康教育学、体适能测评与方法、体能训练、运动训练学、大学体育与健康体育保健学、学校体育学、社会体育指导员培训等

【案例知识点】有氧运动、运动强度、评定指标

【摘　要】本案例将围绕有氧运动与运动强度的概念、分类等，重点对判断运动强度的方法进行梳理，以便为学生在运动实践中解决判断运动强度的难题提供科学实用的参考。

第一部分　心肺耐力的提高——有氧运动介绍

一、有氧运动（Aerobic Exercise）的定义

有氧运动是提高心肺耐力的首选和主要运动方式，是指人体在氧气充分供应的情况下，大肌肉群参与的中等强度的体育锻炼，通常每次维持20～60分钟。

美国运动医学会（ACSM）建议，改善心肺适能的运动处方应符合“有氧运动衡量标准表”，如表9－1所示。

根据运动的供能特点，可将运动分为有氧运动、混氧运动和无氧运动等3类。如表9－2所示。

表9－1　美国运动医学会（ACSM）建议的有氧运动衡量标准

序号	内容	要求	备注
1	运动形态	任何使用身体大肌肉（Large Muscle Groups），可以长时间坚持（can be maintained continuous），且具有节律性与有氧性（Rhythmical and Aerobicin Nature）的身体活动	跑步、步行、游泳、溜冰、骑脚踏车、划船、越野滑雪、跳绳
2	运动强度	在低、中等之间，合适运动强度的脉搏为HR_{max}的70%～90%，HR_{max}＝220－年龄，超出这个范围即表示运动强度不足或太强（如150次/分）	

续 表

序号	内容	要求	备注
3	持续时间	以上述的运动强度持续进行20～60分钟，持续时间为15～40分钟或更长。持续时间需与运动强度配合，如果运动强度较弱，则持续时间就偏长些；相反的，运动强度若偏强，则运动持续时间就可以短些。调整的范围仍然必须介于指定的上下限之内	
4	运动频率	每两天进行1次有氧运动，以周为作息单位，至少3次	
5	规律运动	最多每天1次，慎防因休息不足所引发的过度疲劳，或增加运动伤害的危险	

表9－2　不同运动类型的比较

序号	运动类型	氧气	乳酸产生情况	心率
1	有氧运动	供养足够	乳酸产生很少	140～150次/分钟
2	混氧运动	供氧不充分	乳酸会产生，但浓度不高，乳酸产生和清除保持动态平衡，强度中等偏高	150～160次/分钟
3	无氧运动	缺氧	乳酸大量产生，乳酸在体内不断堆积，乳酸产生速度大于清除速度，强度很高	160次/分钟以上

有氧运动的本质是中低强度运动、无氧运动的本质是中高强度运动。如表9－3所示。

表9－3　不同强度对应的运动

序号	名称	强度	对应的运动
1	有氧阈	最大摄氧量的50%～60%	有氧阈值以内的运动是纯粹的有氧运动
2	无氧阈	超过最大摄氧量的85%	无氧阈值以上的运动是无氧运动
3	混氧强度	最大摄氧量的60%～85%	有氧阈值和无氧阈值间的运动属于混氧运动

二、有氧运动的益处

有氧运动对健康的益处有：提高心肺耐力，降低疾病（心血管疾病、癌症、糖尿病等）的发病率，延长寿命，促进心理健康（缓解压力、焦虑和抑郁，提升自信），促进睡眠质量，降低体脂等。如图9－1所示。

图9－1　有氧运动对健康的益处

三、WHO 等权威机构的建议

最新的《世界卫生组织关于身体活动和久坐行为指南》建议，成人每周的有氧运动为成年人每周应该进行至少150～300分钟的中等强度有氧活动，或至少75～150分钟的高强度有氧活动，或者等量的中等强度和高强度组合活动，可以获得巨大健康收益。额外的健康福利为成年人将每周中等强度有氧活动增加到300分钟以上，或进行150分钟以上高强度有氧活动，或等量的中等强度和高强度组合活动，可获得额外健康收益。

另：将每周锻炼看成一个大目标，把它分解成一系列小目标。片段化的运动也是有益的。如每周增加10分钟的锻炼，直到达到每周150分钟的目标。

美国心脏协会（AHA）、美国运动医学会（ACSM）的联合建议是，每周积累75分钟的大强度活动或者150分钟中等强度活动，就足以提升耐力水平。如图9－2所示。

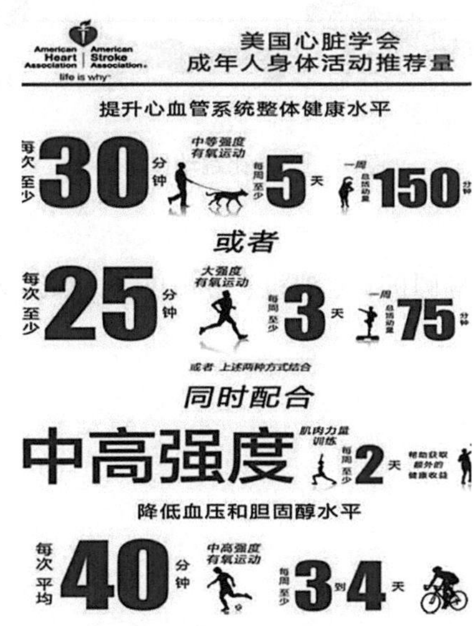

图9－2　美国心脏协会（AHA）、美国运动医学会（ACSM）的联合建议

WHO 等权威机构认为，久坐对健康的危害较大，适宜运动有益健康，而过量运动对健康也有损害。

世界卫生组织（WHO）、美国运动医学学会（ACSM）等权威机构对身体活动的最新建议如下：

（1）运动有胜于无，任何运动都是有益的。

（2）循序渐进。

（3）从低强度运动开始，可显著改善健康，也更加务实。

（4）当具备了一定的基础耐力后，再考虑增加运动强度或者延长运动时间。

四、有氧运动的形式

（一）常见的运动项目

（1）周期性运动（跑步、游泳、自行车等）。

（2）球类（足球、篮球、排球、乒乓球、羽毛球、网球等）。

（3）操类（健身操、搏击操等）。

（4）中国传统运动项目。

（二）简单动作组合

如跳绳、波比跳（Burpee）、高强度间歇训练（HIIT）等。波比跳动作示意图如图 9－3所示。

图 9－3　波比跳动作图示

（三）健身器械

常见的有氧运动器械有椭圆机、划船机、登山仪等，如图 9－4 所示。

图9-4　常见的有氧运动器械图示

第二部分　运动强度（有氧运动的核心问题）

一、概念、分类

（一）概念

运动强度是指动作时用力的大小和身体的紧张程度，也指身体练习对人体生理刺激的程度。世界卫生组织对运动强度的定义指的是身体活动的做功速率或进行某项活动或锻炼时所用力量的大小。

影响运动强度的因素主要有：练习的密度、练习的间歇时间、动作速度、练习所负的重量、要求投掷的距离、每次跳高的高度以及动作的难度和复杂性。

运动强度对人体的刺激作用是不同的。适宜的运动强度能有效地促进身体机能的提高，增强体质。运动强度过大，超过身体的承受能力，反会使身体机能减退，甚至损害身体健康。

（二）分类

根据运动负荷和心率变化，常见的运动强度分级有以下几种：

（1）5级分类。即低强度、中强度、中高强度、高强度、超高强度。

（2）4级分类。即低强度、中等强度、高强度、最大强度。

（3）3级分类。即低（小）强度、中等强度、高（大）强度。

国家体育总局发布的《全民健身指南》（2017 年）中，将体育健身活动的运动强度划分为小强度、中等强度、大强度等三个级别，见表 9 – 4。监测运动强度的指标有运动中心率、运动中呼吸变化和运动中自我感觉等。

表 9 – 4 《全民健身指南》（2017）中的体育健身活动强度划分及其监测指标

运动强度	心率（次/分）	呼吸	主观体力感觉
小强度	<100	平稳	轻松
中等强度	100 ~ 140	比较急促	稍累
大强度	>140	急促	累

1. 低强度运动。

低强度运动是指运动时心率在最大心率下的 50% ~60% 之间，也就是较轻松、适度的运动，如慢步行、轻松骑自行车、瑜伽等。低强度运动适合初学者、年龄较大或身体状况较差的人群。

2. 中等强度运动。

中等强度运动是指运动时心率在最大心率下的 60% ~70% 之间，有一定的挑战性但不至于过于剧烈，如快走、慢跑、游泳等。中等强度运动可以提高心肺功能和耐力，适合多数人群。

3. 高强度运动。

高强度运动是指运动时心率达到最大心率下的 70% 以上，即非常剧烈的运动，例如高速跑步、高强度间歇训练、有氧操等。高强度运动对心肺功能和耐力的提升有较好效果，但需要注意适应能力和防止过度训练。

4. 最大强度运动。

最大强度运动是指达到个体最大心率的运动，具有非常高的负荷和挑战性，例如全力冲刺、极限训练等。这类运动对于专业运动员和经验丰富的健身者来说，能够提升极限状态和竞技水平。

二、运动强度的常用指标

运动强度的常用指标可分为客观指标和主观感觉两类，如表 9 – 5 所示。

表 9 – 5 评定运动强度的常用指标汇总表

序号	类型	具体指标
1	客观指标	心率（运动心率、最大心率、储备心率、靶心率等）
		最大摄氧量（心肺功能）
		乳酸阈（骨骼肌代谢水平）
		代谢当量（MET）
		……

续 表

序号	类型	具体指标
2	主观感觉	Borg 主观感觉疲劳分级量表（RPE）
		运动中可以说话但不能唱歌
		观察：出汗、脸色、呼吸急促情况……
		自我感觉：呼吸急促情况、感受心跳情况、出汗情况、运动后的感觉…
		……

三、运动强度的评定方法

（一）心率

心率（Heart Rate，HR）指心脏每分钟跳动的次数，是衡量运动强度的重要指标。使用心率评定和衡量运动强度，方法简单、应用广泛，心率遥测无创、方便。

常用的心率相关指标有运动心率、最大心率、储备心率、靶心率（目标心率）等多种。其中，靶心率是衡量运动强度的核心指标。

（二）运动心率

国家体育总局发布的《全民健身指南》（2017 年）中，关于用运动心率评定和衡量体育健身活动的运动强度情况如表 9 -6 所示。

表 9 -6 《全民健身指南》（2017 年）中的运动心率评定和衡量体育健身活动的运动强度

序号	运动强度	心率（次/分）
1	小强度	<100
2	中等强度	100 ~ 140
3	大强度	>140

学校体育课通常用运动心率来衡量体育课的运动强度，具体为：

小运动强度，即 120 次/分以下。

中运动强度，即 120 ~ 150 次/分。

大运动强度，即 150 ~ 180 次/分。

2022 年 4 月，教育部新颁布的《义务教育体育与健康课程标准（2022 年版）》，在“解决我国体育课学生‘不出汗’的问题”一节中明确提出：运动强度是指动作用力的大小和身体的紧张程度，常用心率表示。每节课应达到中高运动强度，班级所有学生平均心率原则上在 140 ~ 160 次/分。这一心率区间是运动中的适宜运动强度。

为了评估适合的运动心率，一种常用的方法是根据最大心率来计算目标心率区间。最大心率通常是通过减去个体年龄的常数来计算的，如 220 减去年龄。但是需要注意的是，这个公式存在个体差异，且不适用于所有人群。因此，更准确的方式是通过实际测试来确定个体的最大心率。

目标心率区间是根据个体的目标和健康状况而定的。一般来说，低强度运动的目标心率区间为最大心率的50%～70%，中等强度运动为70%～80%，高强度运动为80%以上。根据自身的体能水平和健康状况，可以选择适合自己的目标心率区间来进行运动。

测量运动心率的方法有多种，包括使用心率监测设备如心率手表、胸带等，或通过手动测量脉搏来计算。选择适合自己的心率监测方法可以更好地掌握运动的强度和效果。

（三）最大心率（HR_{max}）

最大心率（HR_{max}）指运动时心脏能达到的极限心率。1983年，Robinson最早提出用年龄推算最大心率。1971年，Fox提出了以下普遍认可的推算公式。

$$最大心率（HR_{max}）=220-年龄$$

注：运动员、患者等特殊人群的实际最大心率需进行实测。

在运动实践中，可用最大心率来评定和衡量运动强度。

附：心率区间分析——五大心率区间

根据最大心率的百分比可将心率分为五个区间。不同的心率区间有着不同的运动强度和锻炼作用，可根据实际情况选择合适的运动心率区间。五大心率区间如表9－7所示，最大心率百分比与跑步目的示意图如图9－5所示。

表9－7　五大心率区间

序号	区间、阶段	强度	主要作用	最大心率的%	建议运动时间
1	热身放松	极低强度	热身、恢复	50%～60%	20～60min
2	脂肪燃烧	低强度	轻度减肥、燃脂	60%～70%，燃烧脂肪供能，能有效减少脂肪或控制体脂率	60min以上
3	有氧耐力 糖原消耗	中等强度	提高有氧效率、减肥、锻炼	70%～80%，碳水化合物主要供能，有效锻炼心肺功能	10～60min
4	乳酸堆积	大强度	提高乳酸阈值、肌耐力	80%～90%，训练强度从有氧转为无氧，乳酸堆积量增加	2～20min
5	身体极限	极限强度	提升冲刺速度、无氧耐力	90%～100%	5min以内

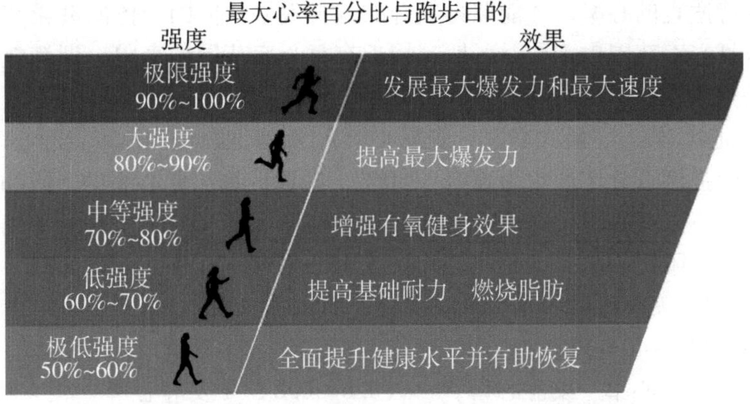

图9-5　最大心率百分比与跑步目的示意图

（四）心率储备（Heart Rate Reserve，HR_R）

心率储备也称储备心率，表示人体运动时心率可能增加的潜在能力，反映心脏的储备能力，可用以评定和衡量运动强度，指导增强机体的心肺功能。

心率储备（HR_R）＝最大心率－安静心率

因个体间不同的体能水平，静息心率范围差异较大。卡蒙内（Karvonen）等人首先提出的储备心率（Heart Rate Reserve，简称 HR_R），是把身体处于安静状态下的最低心率（安静心率）考虑进去。

心率储备可以用来确定适合个体的心率训练区间。根据美国运动医学会的建议，用最大心率的百分比来指导运动强度是一种常见的方法。但是，由于年龄和健康状况的差异，人们在相同的心率下，能够承受的运动强度可能会不同。因此，将心率储备考虑在内，可以更加准确地评估和指导个体的运动强度。

例如，一个人的最大心率是180次/分，安静心率是60次/分，则该人的心率储备为120次/分。如果要进行中等强度的有氧运动，这个人可以让他的心率达到最大心率的50%到70%之间，即90次/分到126次/分的范围。通过使用心率监测设备可以帮助保持心率在这个区间内。

按年龄推算最大心率，没有考虑不同人的心率起始点以及各人储备能力的不一样。仅靠 HR_{max} 评定运动强度，存在一定误差，尤其是在安静心率较低的情况下。以心率储备评定和衡量运动强度，比用最大心率更为准确、更因人而异。

使用心率储备（HRR）评定和衡量运动强度的具体方法为：

（1）低等强度心率范围。动员40%～50%的心率储备。

（2）中等强度心率范围。动员50%～60%的心率储备。

（3）高等强度心率范围。动员60%～80%的心率储备。

（五）靶心率或目标心率

靶心率（Target Heart Rate，THR）也称目标心率或最适宜的运动心率，是指通过有氧运动提高心血管循环系统的机能时有效而安全的运动心率，即运动需要达到目标的心率靶，是判断有氧运动强度的重要指标。

心率过低强度不够，健身效果不佳；心率过快，对身体压力较大，存在健康风险。只有在运动中维持适宜的心率，才能取得较好的健身效果。但因个体的健康和体质差异，健身运动时的有氧心率范围也不同，一般越接近有氧心率范围的高限，训练效果越好。靶心率的计算方法为：

靶心率＝［（最大心率－安静心率）×运动强度％］＋安静心率

有氧运动的强度百分比通常为60％～80％，即可计算出靶心率的下限和上限。

下限靶心率＝（最大心率－安静心率）×60％＋安静心率

上限靶心率＝（最大心率－安静心率）×80％＋安静心率

如某人40岁，安静时的心率为80次/分，那么：

最大心率＝220－40＝180

靶心率＝［最大心率－安静心率］×（0.6～0.8）＋安静心率

下限靶心率＝（180－80）×60％＋80＝140

上限靶心率＝（180－80）×80％＋80＝160

在进行有氧运动的过程中，应保持在该最适宜的运动心率区间，即：140～160次/分。在目标心率区间内运动时，能获得心肺耐力的最大收益，也能保证安全，是性价比最高的运动状态。

（六）最大摄氧量

最大摄氧量（Maximal Oxygen Consumption，VO_{2max}）的测试和评估方法见前文。

最大摄氧量可作为制订运动强度的客观依据。将最大吸氧量的100％设定为最大强度，选择不同比例的最大摄氧量来制订运动强度。

最大摄氧量是用来衡量一个人在高强度运动中最大限度利用氧气的能力，它被认为是评估心肺功能和体能水平的重要指标之一。

VO_{2max}的数值对于评估和比较个体的心肺健康和体能水平非常有用。一般来说，较高的VO_{2max}表示更好的心肺功能和更高的耐力水平。VO_{2max}的测试可以用于指导训练计划，评估运动员的潜力，并监测训练效果。

（七）乳酸阈（LT）或个体乳酸阈（ILAT）

乳酸阈或个体乳酸阈的测定和评估方法见前文。用乳酸阈或个体乳酸阈来制订有氧耐力训练的强度时，可采用乳酸阈或个体乳酸阈对应的强度来发展有氧耐力。该强度被认为是发展有氧耐力的最佳强度。

乳酸阈的测定通常使用血液采样进行，通过分析血液中乳酸浓度的变化来确定个体的乳酸阈。达到乳酸阈的运动强度通常被认为是个体最大有氧能力的一定百分比（例如85％）。

乳酸阈在个体之间存在差异。高水平运动员往往具有相对较高的乳酸阈，这意味着他们可以在更高的强度下进行长时间运动而不感到疲劳。训练中，提高乳酸阈可以帮助个体提高耐力水平，并延迟乳酸积累的出现。

（八）代谢当量（MET）或梅脱

代谢当量（Metabolic Equivalent of Task，MET）或梅脱是以安静且坐位时的能量消耗为基础，是一种表示相对能量代谢水平和运动强度的重要指标，它是表达各种活动时相对能量代谢水平的常用指标，可以用来评估心肺功能，是评估运动及其代谢的重要指标。在制订运动处方时，可以使用代谢当量（MET）或梅脱作为运动强度单位。另，不少有氧训练器械采用代谢当量（MET）来显示运动强度、估算热量消耗，即用简单的数值来表达运动强度。MET 值越大说明运动的强度越大。

代谢当量（MET）指人体工作时的代谢率与休息时的代谢率之间的比值，或运动时的耗氧量与安静时耗氧量的比值。1MET 大约相当于一个人在安静状态下坐位，没有任何活动时，每分钟的氧气消耗量。MET 值越大，代表消耗的能量越多，亦代表运动强度越高。1MET 相当于每分钟每千克体重消耗 3.5mL 的氧气。2MET 相当于 2 倍安静时的耗氧量。与静坐相比，中等强度运动时卡路里的消耗可增加 3～6 倍（即 3～6MET）。

注：1MET = 耗氧量 3.5mL = 0.016 7kcal/（kg · min）。

活动能量消耗 = 体重（kg）×代谢当量（MET）×运动时间（h）

如体重 70 千克的男性，跑步（以 6MET 估算）30 分钟，其能量消耗 = 70 × 6 × 0.5 = 210（大卡）。

常见运动项目、身体活动强度的 MET 值，见图 9－6。不同运动强度活动的 MET 值，见表 9－8。

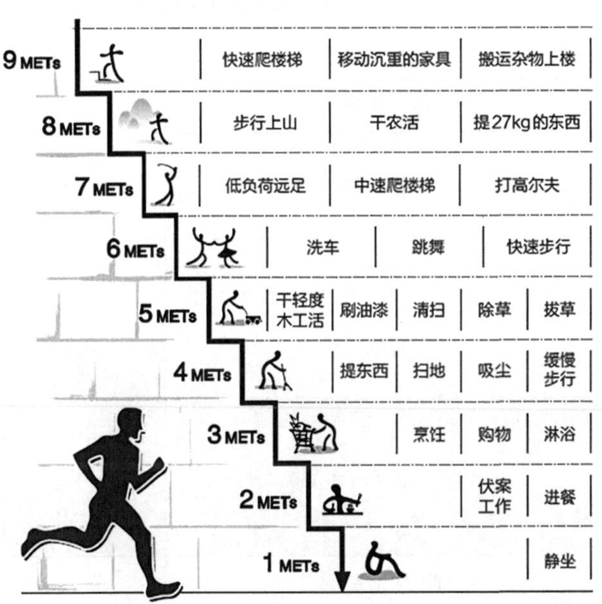

图 9－7　常见运动项目、身体活动强度的 MET 值示意图

表 9－6　不同运动强度活动的 MET 值

序号	MET 值	运动强度
1	<3METs	低强度活动
2	3～6METs	中等强度活动
3	6～9METs	大强度活动
4	>9METs	极大强度活动

（九）主观感觉疲劳分级量表

主观感觉疲劳分级量表（Rating of Perceived Exertion，RPE）是瑞典心理学家 Brog 研

制的一种受试者在运动时通过自我疲劳感觉推算运动负荷强度的有效方法，是一种用于量化个体在运动中主观感受到的运动强度或疲劳程度的评估工具。

常用的分级量表是 RPE 量表，它的范围通常从 6 到 20，其中 6 代表非常轻松的运动强度，20 代表非常剧烈的运动强度。

使用 RPE 量表时，个体会被要求根据他们自己的感受选择一个最能描述他们当前感受的数字，这通常是通过向个体提供 RPE 量表并让他们在运动期间或运动结束后选择一个数字来完成的。RPE 可以用作监测和调整个体的运动强度，以确保他们在安全和有效的范围内进行运动。

RPE 量表不仅适用于专业运动员，也适用于普通人参与各种运动活动。它是一种简单、经济且有效的方法，可以帮助个体了解自己的体能水平，调整训练强度，并为训练计划和目标的制订提供参考。RPE 的 12 ~ 14 级为“有些吃力（有点累）”，相当于 60% ~ 80%，一般有氧运动最适当的范围在 11 ~ 15 级。主观感觉疲劳分级量表如表 9 – 9 所示。

表 9 – 9　主观感觉疲劳分级量表

<table>
<tr><th>RPE</th><th>主观运动感觉</th><th>参考心率</th></tr>
<tr><td>6</td><td>安静，不费力</td><td>静息心率</td></tr>
<tr><td>7</td><td rowspan="2">非常轻松</td><td rowspan="2">70</td></tr>
<tr><td>8</td></tr>
<tr><td>9</td><td>很轻松</td><td rowspan="2">90</td></tr>
<tr><td>10</td><td rowspan="2">轻松</td></tr>
<tr><td>11</td><td rowspan="2">110</td></tr>
<tr><td>12</td><td rowspan="3">有点吃力（有点累）</td></tr>
<tr><td>13</td><td rowspan="2">130</td></tr>
<tr><td>14</td></tr>
<tr><td>15</td><td>吃力（累）</td><td rowspan="2">150</td></tr>
<tr><td>16</td><td rowspan="3">非常吃力（很累）</td></tr>
<tr><td>17</td><td rowspan="2">170</td></tr>
<tr><td>18</td></tr>
<tr><td>19</td><td>极其吃力（非常累）</td><td>195</td></tr>
<tr><td>20</td><td>精疲力竭（无法坚持）</td><td>最大心率</td></tr>
</table>

（十）说话唱歌法

“说话唱歌法”是最简单的评定运动强度的方法。其中中等强度阶段为可以说话但不能唱歌。“说话唱歌法”评定运动强度，是用身体感受来评定运动心率、代谢阶段。如表 9 – 10 所示。

表9－10　“说话唱歌法”评定运动强度

序号	身体感受	心率区间	代谢阶段
1	可以唱歌	50%～60%	有氧期
2	说完整句	60%～70%	
3	说短句子	70%～80%	
4	说几个词	80%～90%	转换期
5	无法说话	90%～100%	无氧期

四、判断运动强度常用方法的比较

判断运动强度的常用方法较多，不同方法的比较，见表9－11。

表9－11　不同判断运动强度方法的比较

分类	序号	指标		计算、测试方法	中等强度范围
客观指标	1	心率	运动心率		100～140（次/分）
			最大心率（HR_{max}）	HR_{max} =220－年龄	70%～80%
			心率储备（HR_R）	HR_R =最大心率－安静心率	50%～60%
			靶心率（THR）	靶心率＝［（最大心率－安静心率）×运动强度%］＋安静心率	60%～80%
	2	最大摄氧量（VO_{2max}）		直接测定或间接推算	100%为最大强度，以不同百分比制订运动强度，40%～60%
客观指标	3	乳酸阈（LT）或乳酸阈（ILAT）		测定（血乳酸急剧增加的拐点）	个体乳酸阈（ILAT）对应的强度是发展有氧耐力的最佳强度
	4	代谢当量（MET）或梅脱		1MET＝耗氧量3.5mL/（kg·min）一般选择查询	3～6METs
	5	……		……	……

续 表

分类	序号	指标	计算、测试方法	中等强度范围
主观感受	6	主观感觉疲劳分级量表（RPE）	6~20级	11~15级
	7	说话唱歌法	能唱歌—能说话—不能说话	能说话，不能唱歌
	8	观察	脸色、出汗、呼吸……	微红、微出汗……
	9	自我感觉	运动中、运动后的感觉……	适中
	10	……	……	……

目前，在多种评定运动强度的常用方法中，靶心率（THR）和主观感觉疲劳分级量表（RPE）是最为广泛的设定、监控运动强度的方法。靶心率针对运动中心率的客观变化，主观感觉疲劳分级量表注重主观费力程度。但是它们也有一定的局限性，例如，在没有遥测心率表的情况下，运动心率的测定会比较困难；而RPE因是个人的主观感受，存在较大的个体差异。

代谢当量（MET）在医学上使用比较多，在计算运动的能量消耗和特殊人士运动强度设定方面，有着不可替代的作用。

最大吸氧量VO_{2max}是衡量是否达到强度的黄金标准，但只有在实验室进行测试才能得到结果。

在运动实践中应根据具体情况，选择最适合的评定和衡量运动强度的方法。

呼吸等多种不同身体活动强度的表现情况，如表9－12所示。

代谢当量与其他运动强度评估方法的比较情况，如表9－13所示。

表9－12　不同运动强度的表现

序号	表现	身体活动强度		
		低	中	高
1	呼吸	频率稍增加	比平时急促	明显急促、大幅增加
2	心率	稍较快	较快	大幅增加
3	感觉	轻松	仍可轻松说话	停止运动、调整呼吸后可说话
4	出汗	不明显	微出汗	出汗
5	MET	1.5~2.9	3.0~5.9	>6.0

表9－13　代谢当量与其他运动强度评估方法的比较

运动强度	最大心率百分数（%）	自觉疲劳程度（RPE）	代谢当量（MET）
低强度	40~60	较轻	<3
中强度	60~70	稍累	3~6

续　表

运动强度	最大心率百分数（%）	自觉疲劳程度（RPE）	代谢当量（MET）
高强度	71～85	累	7～9
极高强度	>85	很累	10～11

五、不同运动强度对人体的影响

低强度、中强度、高强度和极高强度的运动对人体的影响是不同的。以下是每个强度级别的一些主要影响：

（一）低强度运动对人体的影响

（1）有助于提高心肺功能和基本的有氧能力。

（2）促进血液循环，增加氧气供应，帮助身体更好地运送营养物质。

（3）增强骨骼和关节的稳定性。

（4）缓解压力、焦虑和抑郁。

（二）中强度运动对人体的影响

（1）改善心肺功能和有氧能力，提高耐力水平。

（2）增加脂肪燃烧，帮助维持健康的体重。

（3）增强肌肉力量和耐力。

（4）降低心血管疾病、糖尿病等慢性疾病的风险。

（5）提高心理健康，缓解压力和焦虑。

（三）高强度运动对人体的影响

（1）提升心肺功能和有氧能力的最佳选择。

（2）快速燃烧热量，促进脂肪燃烧，帮助减肥。

（3）增加肌肉力量和爆发力。

（4）提高代谢水平，改善胰岛素敏感性。

（5）改善心血管健康，降低高血压和心脏病的风险。

（四）极高强度运动对人体的影响

（1）提供最大的挑战和高强度训练效果。

（2）改善有氧能力和耐力水平的顶级训练。

（3）促进爆发力、速度和力量的最大程度发挥。

（4）高度刺激肌肉生长，增加肌肉质量。

（5）需要充分的准备和恢复时间，避免过度训练和受伤。

需要注意不同人的身体状况和健康状况各不相同，因此在选择运动强度时应根据自己的实际情况和健康目标来确定。此外，在进行高强度运动之前，请确保已经进行适当的热身和准备活动，以避免受伤。

附：提高有氧工作能力的训练

在运动训练中，运动员的有氧代谢系统处于最大应激状态下，才能有效提高机体的有氧工作能力。提高有氧工作能力训练需严格将训练强度掌握在有氧代谢范畴内，训练的关键是控制好运动负荷量和负荷强度。

常见的提高有氧工作能力的训练方法有：持续训练法、乳酸阈强度训练法、间歇训练法、高原训练法等。其训练要求和主要作用，见表 9－14。

表 9－14　提高有氧工作能力训练方法的要求及主要作用

序号	训练方法	训练要求	主要作用
1	持续训练法	5 分钟以后，20～30 分钟以上，适合少年或运动水平较低人员，以低强度均速持续训练为主	总的工作量比强度更重要，提高大脑皮质神经过程的均衡性和稳定性，改善参与运动有关中枢间的协调关系，提高心肺功能和最大摄氧量，引起慢肌选择性肥大、肌红蛋白增加
2	乳酸阈强度训练法	常用乳酸阈心率来控制：运动强度水平低，以 50% $VO_{2\,max}$ 的强度进行较长时间运动；良好，以 60%～70% $VO_{2\,max}$ 的强度进行较长时间运动；优秀，以 85% $VO_{2\,max}$ 的强度进行较长时间运动	个体乳酸阈强度训练是提高有氧耐力的最佳途径，是有氧耐力提高的标志
3	间歇训练法	两次练习间有间歇并在间歇期进行强度较低的练习，关键是练习距离、强度、间歇时间等的安排	总工作量比强度更为重要。完成的总工作量大，对心肺机能的影响就大
4	高原训练法	两种负荷：高原缺氧＋运动缺氧	血红蛋白数量和总血量增加，呼吸和循环系统的工作能力增强

案例 10　身体成分与健康

【关键词】健康体适能、身体成分与健康、测试与评估、体重控制

【适用课程】健康教育学、体适能测评与方法、体能训练、运动训练学、大学体育与健康、体育保健学、学校体育学、体适能测评与方法、社会体育指导员培训等

【案例知识点】体成分测试、体成分评估、肥胖、体重控制

【摘　要】本案例将围绕健康体适能的核心指标——身体成分，参考世界卫生组织（WHO）、美国运动医学学会（ACSM）等权威机构的研究结果，对身体成分的测试与评估方法进行梳理，以便为控制身体成分提供科学实用的参考依据。

第一部分　身体成分

一、身体成分的概念

“体重”与“身体成分”是两个关联十分密切的概念。体重是评价身体各部分总重量的重要指标，身体成分（即体成分）是评价各部分比例的重要指标。

身体成分（Body Composition）是指体内各种成分的含量，如肌肉、骨骼、脂肪、水和矿物质等，是反映人体内部结构比例特征的指标，是体内各种物质的组成和比例。其中，体脂率是最常用的指标。

体成分分析仪测量的最重要的三个指数为：肌肉量、水分含量、体脂率。

肌肉和脂肪的比例不仅仅与美观有关，而被视为影响内分泌的重要因素，与身体健康密切相关。

世界卫生组织（WHO）认为，肥胖是人体过剩的热量转化为多余脂肪并积聚在体内的一种状态，是脂肪过多的一种慢性疾病。

脂肪过多是一种严重的健康风险因素。高血压、血脂升高（脂肪和胆固醇升高）、糖尿病、心血管疾病、呼吸功能障碍、胆囊病变，以及无数其他健康问题都与肥胖有关。

肥胖已成为全球性的最严重的公共卫生问题之一。肥胖被世界卫生组织定义为全球最大的慢性病，与多种疾病如癌症、心血管疾病、糖尿病等的发病率密切相关，与焦虑、抑郁等心理健康问题也有关联。

世界卫生组织的研究结果显示，BMI 指数（评定体重的常用指标）与健康的危险度呈倒 U 关系，即 BMI 指数过低或过高的人群，健康危险度明显增加；体重在适宜范围内，健康风险则较低。体重与健康的关系示意图如图 10－1 所示。

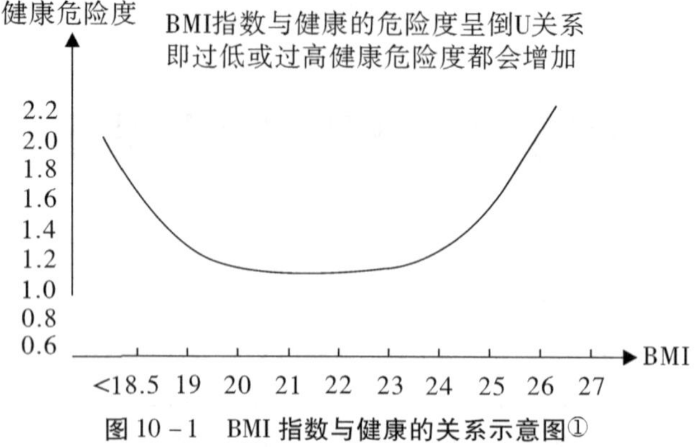

图 10－1 BMI 指数与健康的关系示意图①

二、身体成分的测试模型

身体成分测量需要根据不同的应用场景和使用要求选择合适的方法。在相关科研项目中，需要考虑的因素较多。

根据人体成分 2C 模型，将人体分为两部分：一为脂肪组织（Fat Mass，FM），另一为非脂肪组织（Fat Free Mass，FFM）。在实践中，身体成分常分为两类，即脂肪组织和非脂肪组织的含量在体重中所占的百分比。其中，体脂率是最常用的指标。

附：人体成分模型

2C 模型。分为两部分，即脂肪组织 FM 和非脂肪组织 FFM。

3C 模型。将 FFM 再分为两部分，即水和固态物（主要是蛋白质和矿物质）。

4C 模型。对蛋白质、矿物质和水分别进行精确测量。

mC 模型。多室模型，即每增加一种测量就可能增加一个“室”，新增的测量是独立于前面所有测量的。

三、身体成分测试方法的汇总

身体成分的测量分为直接测量法和间接测量法。其中，直接测量法主要用于尸体解剖，以分析人体脂肪含量。活体脂肪测量只能通过间接的方法测量。其中，水下称重法和双能 X 线吸收法被认为是体脂测定的“金标准”。水下称重计算体密度方法的有效性和可靠性较高，常用来检验其他身体成分间接测量法的有效性，但测试过程繁杂，需要一定的测试设备。而双能 X 线吸收法测试准确，过程简单，但设备昂贵。

体重指数 BMI、腰围等方法，能快速简便地评价肥胖程度，但无法区分体脂和瘦体重。

实践中使用较多的方法为：电阻抗法、皮褶厚度法等。

身体成分（体脂率）的常用测试方法如表 10－1 所示。

身体成分（体脂率）常用测试方法的使用情况比较如表 10－2 所示。

---

① 资料来源：田野．运动生理学高级教程［M］．北京：高等生理学高级教程，2003，768.

表 10－1　身体成分（体脂率）的常用测试方法

序号	测试方法			主要特点
1	直接测试法	用于尸体解剖	身体各种成分的比例	
2	间接测试法	估算法	体重指数（BMI）	简单，无法区分体脂和瘦体重
		形态学测量法	皮褶厚度法	实践中使用较多
			腰围	简单，无法区分体脂和瘦体重
			腰臀比（WHR）	简单，无法区分体脂和瘦体重
			围度	简单，无法区分体脂和瘦体重
		人体密度和体积测定法（排气测量法）	水下称重	较准确，但繁杂
			空气置换体积描记法（ADP）	准确，测试时间短，但设备昂贵
		生物电阻抗和电导法	生物电阻抗分析（BIA）	价格合适，操作容易，携带方便，实践中使用较多
			生物电阻抗分光法（BIS）	新技术和仪器都已上市
			全体导电性（TOBEC）	同上
		X 线法	双能 X 线吸收法	金标准，无创、准确、重复性好、低辐射，但设备昂贵、测试时间较长
			计算机断层扫描（CT）	具有组织真实的密度信息，精确
		估算法超声技术	超声	简单、无创，可直接测量脂肪厚度、脂肪分布
		磁共振	核磁共振成像（MRI）	测试精度高，设备昂贵，测量时间较长
		其他技术，如同位素测定法……	重水（氚标记）	
			钾同位素	
			……	

表 10－2　身体成分（体脂率）常用测试方法的使用情况比较

序号	测试方法名称	难易度	费用	精确度	部位
1	体重指数（BMI）	易	低	低	全身
2	皮褶厚度法	易	低	低	局部
3	双能 X 线吸收法（DXA）	中	高	高	全身
4	计算机断层扫描法（CT）	难	极高	高	全身、局部
5	核磁共振成像法（MRI）	难	极高	高	全身、局部
6	稀释法	中	中	高	全身
7	生物电阻分析法（BIA）	中	低	高	全身、局部
8	水下称重法	中	中	高	全身
9	气体置换法（ADP）	易	高	高	全身
10	体态密度法	易	低	高	全身、局部
11	脂肪溶解气体法	中	高	高	全身
12	超声波法	中	中	中	局部

四、身体成分的主要测试方法

目前使用的身体成分测试方法均为估算。一种测量方法是否准确，须与某种准确的测量方法对比。目前，被视为最标准、最准确的测量身体成分的方法为双能 X 线吸收法（DXA）。

（一）体重指数

体重指数（BMI）是一种最简单的估算方法。此法简单易行，但仅能粗略地估算身体脂肪和非脂肪组织的比例。

$$BMI = 体重（kg）/身高^2（m^2）$$

使用 BMI 判断肥胖的标准见表 10－3。

表 10－3　用 BMI 判断肥胖的标准

<table>
<tr><th>序号</th><th>BMI 指数</th><th colspan="2">肥胖程度的评定</th></tr>
<tr><td>1</td><td><18.5</td><td>过轻</td><td>过轻</td></tr>
<tr><td>2</td><td>18.5～23.9</td><td>正常</td><td>正常</td></tr>
<tr><td>3</td><td>24.0～27.5</td><td>超重</td><td>超重</td></tr>
<tr><td rowspan="4">4</td><td>≥28</td><td rowspan="4">肥胖</td><td>肥胖</td></tr>
<tr><td>>30</td><td>轻度肥胖</td></tr>
<tr><td>>35</td><td>中度肥胖</td></tr>
<tr><td>>40</td><td>重度肥胖</td></tr>
</table>

（二）皮褶厚度法

1. 概念。

皮褶厚度法是通过皮脂厚度计（卡尺）测量特定身体部位的脂肪厚度，间接评估身体脂肪分布，预测身体脂肪百分比例。皮褶厚度测量仪及其压力校正分别如图10－2、图10－3所示。将几个测量点的测试数据代入经验公式，据回归方程计算体脂含量。

2. 原理。

人的脂肪约有2/3贮存在皮下组织中，用拇指、食指将皮肤皱襞捏起，用皮脂厚度计测量该处厚度，代入推算公式，推测全身体脂含量。

3. 测试方法。

皮褶厚度法的特点是测试仪便宜，测点明确，测量方便，容易操作，但测试者之间的误差相对较大。

常用的测量位点有：肱三头肌、胸部、腋窝、肩胛部（肩胛骨下角）、腹部（肚脐旁右2cm）、髂骨前部、大腿部、小腿部等。测量时皮脂钳与皮褶垂直位置，每个部位至少测量两次。“三点测试”（腹部、肩胛下角、上臂肱三头肌）皮褶厚度测量仪测量部位示意图如图10－4所示。

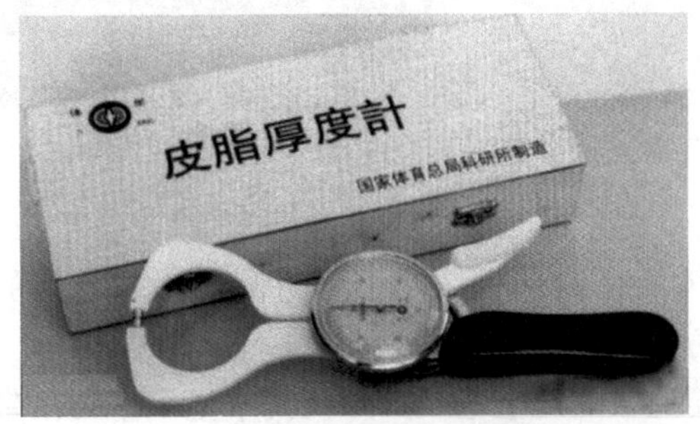

图10－2　皮褶厚度测量仪图示

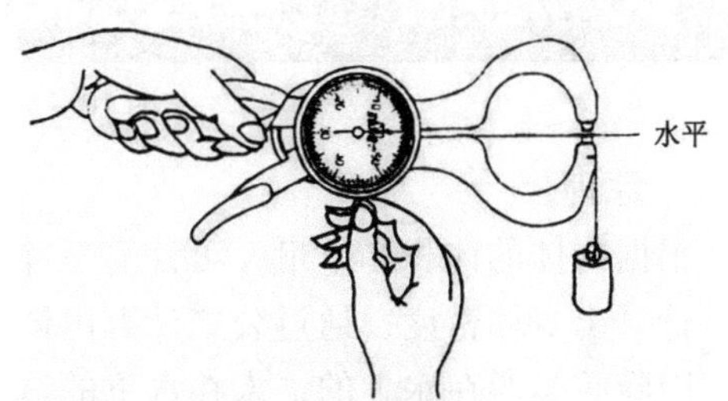

图10－3　皮褶厚度测量仪（压力校正）图示

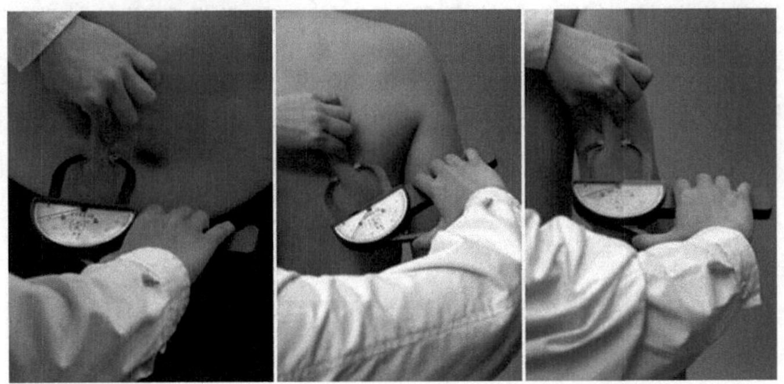

图10－4　“三点测试”皮褶厚度测量仪测量部位示意图

4. 特点

皮褶法具有便携和便宜的优点，但执行评估人员的经验和技能会极大地影响身体成分估计的准确性。

（三）水下称重法

1. 概念

水下称重法（Under Water Weighing，简称 UWW）是传统的、经典的体成分估算方法，是根据身体密度来估算身体成分的，曾为测定体脂量的“金标准”。它是通过人体在水中和陆上的体重变化来测量人体体积、身体密度，从而推算出体脂重和去脂体重。

该测试方法需特殊设备，结果会受到肺残气量、腹腔内气体及体液总量的影响。要求被测者完全浸入水中，利用其排开的水的体积和体重，计算出整个人体的密度。该测试方法操作步骤较多，只适合实验室测试。水下称重法如图 10－5 所示。

图 10－5　水下称重法图示

2. 原理

根据物体的体积和重量，可计算一个物体的密度。采用水下称重测量出被测者的体积，计算出身体密度，通过公式计算出体脂肪含量。

因脂肪是漂在水上的，人在水下的体重要比在陆地上轻。如果沉到水里一个带吊带的椅子，并且将它与上方的秤连接起来，就可用其称出人在水下的重量。可称出人在陆地上的重量，从而计算出人的体脂肪占身体重量的比例，即通常所说的体脂百分比。

另：肺里的空气也会让人浮起来，故在下水之前被试者应吹出肺里所有的空气。

人体脂肪的比重大约是 0.8kg/L，脂肪外其他组织的平均比重大约是 1.0kg/L。称量人体在空气中的重量、在水中吸饱气时的重量、在水中尽力呼完气后的重量，就可以通过简单的计算求出人体脂肪的总重量了。

3. 水下称重法的计算公式。

$$体脂率（\%）=（4.570/D-4.142）\times 100$$

$$D=M/Vt-RV$$

注：D 为体密度，M 为体重，Vt 为人体总容积（吐气后的排水量），RV 为肺残气容积（人体在齐颈水面下测得）。

4. 特点。

（1）优点：准确。

（2）缺点：某些人群很难或不可能完全浸没在水下。该方法需要呼吸尽可能多的空气，然后将呼吸屏住潜入水下。

（3）可用性：通常在大学实验室、研究所及医疗机构或某些健身设施中使用。

（4）精度：当完成完美的测试时，此装置的误差可以低到2%。

（四）置换式空气体积描记法（Bod Pod）

1. 概念。

置换式空气体积描记法（Bod Pod）也称空舱法，是与水下称重法类似的密度测量法。根据身体密度估算体内脂肪百分比。ADP使用空气代替水。空气的体积和压力之间的关系使该设备可以预测身体密度。

在腔室内静坐几分钟，同时腔室内的空气压力发生了变化，身体排出的气体量以及人在椅子上的体重被记录下来。测试者需要穿着紧身的衣服或泳衣。置换式空气体积描记法示意图如图10－6所示。

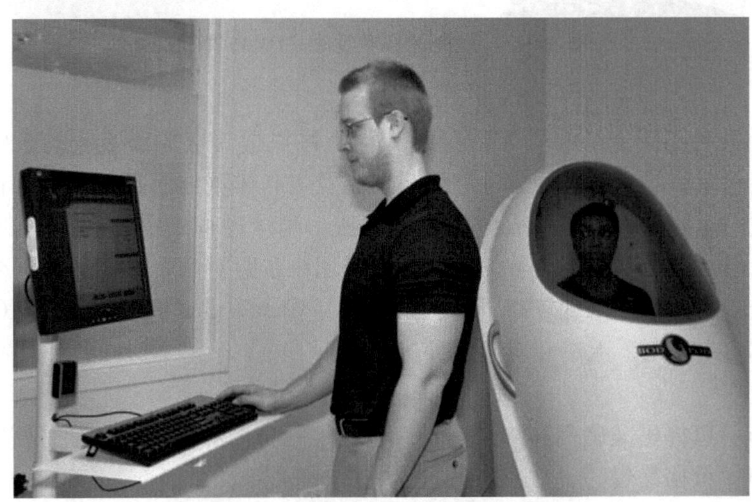

图10－6　置换式空气体积描记法图示

2. 特点。

（1）优点：准确，相对快速，不需要浸入水中，适合绝大部分人。

（2）缺点：价格昂贵。

（3）可用性：通常仅在大学实验室、研究所及医疗机构或某些健身机构中使用。

（4）准确性：准确性非常好，身体脂肪的误差为2%～4%。

（五）双能X线吸收法

1. 概念。

双能X线吸收法（DXA）是利用身体不同组织（矿物质、瘦身体、脂肪）对X光吸收率不同的原理来测量体内脂肪含量的方法，是目前测评体成分的金标准。双能X线吸收法示意图如图10－7所示。

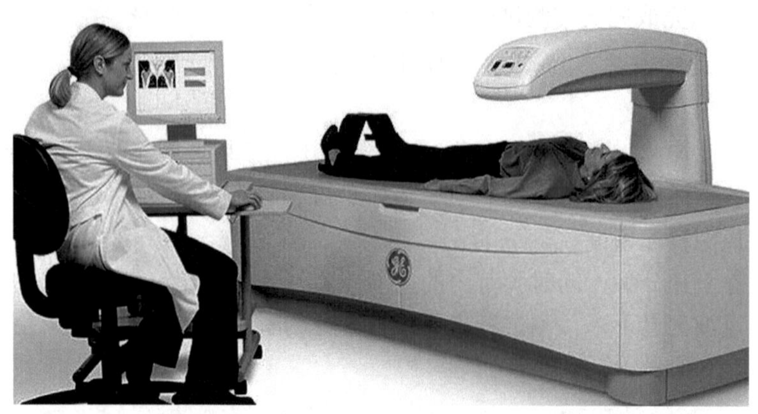

图 10－7　双能 X 线吸收法（DXA）图示

2. 原理。

DXA 是将两种不同能量的弱 X 线穿过人体，并根据其衰弱和吸收的区别得到人体骨骼中矿物质及软组织的含量。此方法在测量体脂及去脂体重方面具有很高的再现性以及准确率，从而被广泛接受为测量体成分的参考方法。测量过程中需要利用 X 线。虽然 X 线照射量很低，但是仍然不适用于孕妇。测试中采用小步距对两个低辐射源同步检测。这种方法是相对较新的方法，精度较高，但测试费用昂贵，测试时间长（每人 10～20 分钟），只能供高级实验室使用，无法在实验室外进行。

3. 特点。

（1）优点：可提供准确而详细的信息，包括不同身体部位的分类和骨密度读数。

（2）缺点：价格昂贵。

（3）可用性：通常仅在医学或研究环境中可用。

（4）准确性：DXA 提供的结果比其他方法更为一致，体脂误差在 2.5%～3.5% 的范围内。

（5）其他：DXA 还用于评估骨骼密度，并提供有关人体各个部位（手臂、腿部和躯干）的骨骼、瘦肉和脂肪的详细信息。

（六）生物电阻抗分析（BIA）

1. 概念。

生物电阻抗分析（BIA）是一种通过使用小电流流经身体，根据不同组织的导电性来估算体脂率、肌肉量、身体水分、身体矿物质等成分的技术。

产品代表为韩国研制生产的 InBody 系列人体成分分析仪。该产品 1996 年推出了第一代，后不断更新，2023 年推出全新高端人体成分分析仪 InBody 970，如图 10－8 所示。

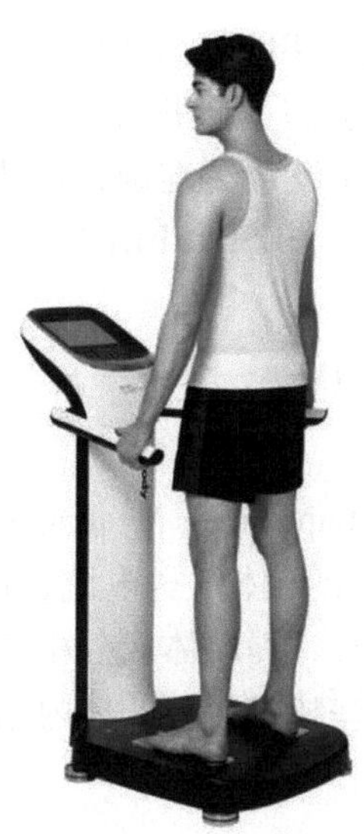

图10－8　InBody 970 人体成分分析仪图示

2. 原理。

生物电阻抗（BIA）分析是一种测量人体成分或脂肪与肌肉及其他组织的百分比的方法。脂肪不导电，肌肉组织则因含水分多，导电性好。因此，电阻越高，说明身体脂肪含量越多。该传感器读取通过人体的低电压电流的阻抗或中断情况，然后使用这一数据来估计受试者是否过于瘦弱或肥胖。由于肌肉中水分含量较高，因此电流流过肌肉的过程比脂肪更容易。BIA 设备会自动将人体对电流的响应输入方程式中，以预测出身体成分。

该测试让测试者通过（光脚及用手握）接触几个光滑的金属触板及接触电极的方式，根据体内电流流动的程度来估计身体成分，可以进行无创且快速的测量，可用于家用身体成分监测。

3. 特点。

（1）优点：BIA 快速简便。

（2）缺点：精度差异很大，食物和液体的摄入量会大大影响精度。

（3）可用性：该测试尽管方便，但通常不如医学或研究环境中使用的昂贵设备准确。

（4）准确性：体脂误差范围为3.8%～5%，且复杂性和准确性差异较大。根据使用的设备不同，误差率可能会更高或更低。如 BIA 设备的接触电极数（2～8个不等）、被测试者的身材与模型的吻合度等等。该方法适合群体普查及针对普通人的测试。

（七）生物阻抗光谱法（BIS）

1. 概念。

生物阻抗光谱法（Bioimpedance Spectroscopy，BIS），采用四电极多频率的生物电阻抗测量系统，可以计算出相应深度的腹部脂肪含量。BIS 与 BIA 类似，可以测量人体对小电流的反应。BIS 和 BIA 设备外观相似，但使用不同的技术。除了高频和低频外，BIS 使用的电流要比 BIA 大得多。

2. 特点。

（1）优点：BIS 快速简便。

（2）缺点：与 BIA 不同，消费级 BIS 设备当前不可用。

（3）可用性：通常仅在大学实验室、研究所和医疗机构或某些健身设施中可用。

（4）准确性：BIS 比消费级 BIA 设备更准确，但错误率与更高级的 BIA 模型（3% ~ 5% 脂肪）相似。一些研究人员认为，BIS 比 BIA 更准确，具有足够的测量精度、准确度与重复性好。

（八）电阻抗肌动描记法（EIM）

1. 概念。

电阻抗肌动描记法（Electrical Impedance Myography，EIM）是测量身体对小电流反应的第三种方法。BIA 和 BIS 是向整个身体发送电流，而 EIM 是向身体的较小区域发送电流，通过分析电压电极检测的电信号，提取体成分相关的阻抗特性及其变化规律。设备可放置在人体的不同部位，以估计这些特定区域的体内脂肪。

2. 特点。

（1）优点：EIM 相对快速简便。

（2）缺点：该系列设备应用的研究成果及信息较少。

（3）可用性：便宜的设备可供大众使用。

（4）准确性：相对于 DXA 的误差为 2.5% ~3%。

（九）3D 人体扫描

1. 概念。

3D 人体扫描使用红外传感器了解身体的形状，传感器生成身体的 3D 模型。当传感器检测身体形状时，被测试者在旋转平台上站立数分钟，或设备使用绕身体旋转的传感器，根据身体形状估算体内脂肪百分比。3D 人体扫描估算体脂示意图如图 10 -9 所示。

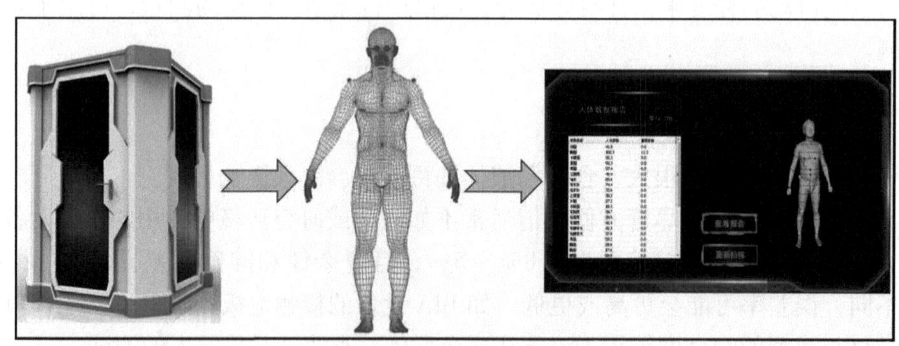

图 10 -9　3D 人体扫描图示

2. 特点。

3D 人体扫描仪类似于圆周测量，可提供更多信息。

（1）优点：相对较快且容易。

（2）缺点：扫描仪不是很普遍，但越来越受欢迎。

（3）可用性：有几种消费级设备可供使用。

（4）准确性：信息有限，但是某些 3D 扫描仪可能相当准确，体脂误差约为 4%。

（十）多功能隔间模型（黄金标准）

1. 概念。

多功能隔间模型被认为是身体组成评估的最准确的方法。模型将身体分为三个或更多部分。最常见的评估被称为 3 室模型和 4 室模型，需要进行多次测试，才能估算出体重、体量、体内水分和骨骼含量。

如 ADP 可以提供人体体积，BIS 或 BIA 可以提供人体水分，而 DXA 可以测量骨骼含量。将每一种方法所得到的信息都结合起来，可构建更完整的人体图像，并获得最准确的人体脂肪百分比。

2. 特点。

（1）优点：准确。

（2）缺点：普通公众通常无法使用，需要进行多种不同的评估，比大多数方法更复杂。

（3）可用性：多功能隔间模型通常仅在特定的医疗和研究机构中使用。

（4）准确性：体脂误差可能低于 1%。

（十一）其他

1. 超声波。

超声波可以作为更高级的皮褶卡尺。超声波技术利用探头发出的高频声波来可视化身体的不同部位。在身体成分评估中，超声波可用于确定肌肉的大小或质量以及皮下脂肪层的厚度。通过评估皮下脂肪层的厚度，能够实际看到脂肪层的位置。脂肪厚度的超声评估可在与皮褶评估相同的部位进行，预测方程可用于使用 2 室模型估计整体身体成分。

2. 计算机断层扫描。

计算机断层扫描（Computed Tomography，CT）即为 X 线计算机断层摄影，是用 X 线束与灵敏度极高的探测器一同围绕人体的某一部位作一个接一个的断面扫描，获得人体被检部的断面或立体图像，经过电子计算机的处理，生成人体相关部位的三维图像。CT 是评估身体组成和区域脂肪分布的准确方法，但价格较昂贵。

3. 核磁共振成像。

核磁共振成像（Magnetic Resonance Imaging，MRI）是利用核磁共振原理，依据所释放的能量在物质内部不同结构环境中不同的衰减，通过外加梯度磁场检测所发射出的电磁波，即可得知构成这一物体原子核的位置和种类，据此绘制成物体内部的结构图像。该法能将同样密度的不同组织和同一组织的不同化学结构通过影像显示出来。核磁共振成像具有无射线、成像参数多、多方位成像等特点。

附：体成分的主要测试方法比较

体成分主要测试方法的比较见表 10－4。

表 10－4　体成分主要测试方法的比较

序号	测量方法	优点	缺点	适用人群
1	水下称重法	较为精确	1. 需要受试者几乎完全浸入水中，对受试者限定较多；2. 该方法的设备昂贵，操作流程烦琐，测试技能难以掌握；3. 受人种差异影响	适用于身体健康的青年人群（老年人、儿童以及身体较为虚弱的病人不适合）
2	双能 X 线吸收法	高度精确，不限人种，不受人体厚度影响，适用范围广	1. 含有少量的辐射对人体有微小的伤害，并不适用于孕妇等特殊人群；2. 所需设备昂贵，难以携带	除孕妇等特殊人群外
3	皮褶厚度法	方便经济，便于携带	1. 受年龄、性别、种族等影响；2. 需要一定的测量技巧；3. 需要肌肉完全松弛，软组织水分含量正常，对于结缔组织疏松的老年人和过度肥胖者往往难以获得准确的测量结果；4. 受皮下脂肪可压缩性的影响	适用于肌肉完全松弛、软组织水分含量正常、非过度性肥胖的人
4	生物电阻抗分析法	比较经济准确的测量	1. 受体液多少（如腹泻、运动、桑拿、吃药、膳食、月经甚至过量饮水等）影响；2. 只对与其所公示者相同年龄、种族的人群有效；3. 不太适用于评估身体成分的改变	适用于群体普查和普通人

第二部分　肥胖

一、相关概念

体重是指人体各部分组织及体液重量的总和，是反映和衡量一个人健康状况的重要标志之一，过胖和过瘦都不利于健康。

体重超过正常范围，称之为异常体重。体重异常对身体、心理健康有较大影响。

（一）标准体重

标准体重的“标准”各国不完全一样。不同年龄组的标准体重通常是本国经过群体大样本的调研所得到的，根据人的年龄、身高所计算出的各年龄组人的体重大体范围，并规定其上下界限。世界卫生组织 WHO 的标准为：正常成人体重的标准为：BMI 值在 18.5 ~ 23.9 范围内。不同体重对应的 BMI 值示意图如图 10－10 所示。

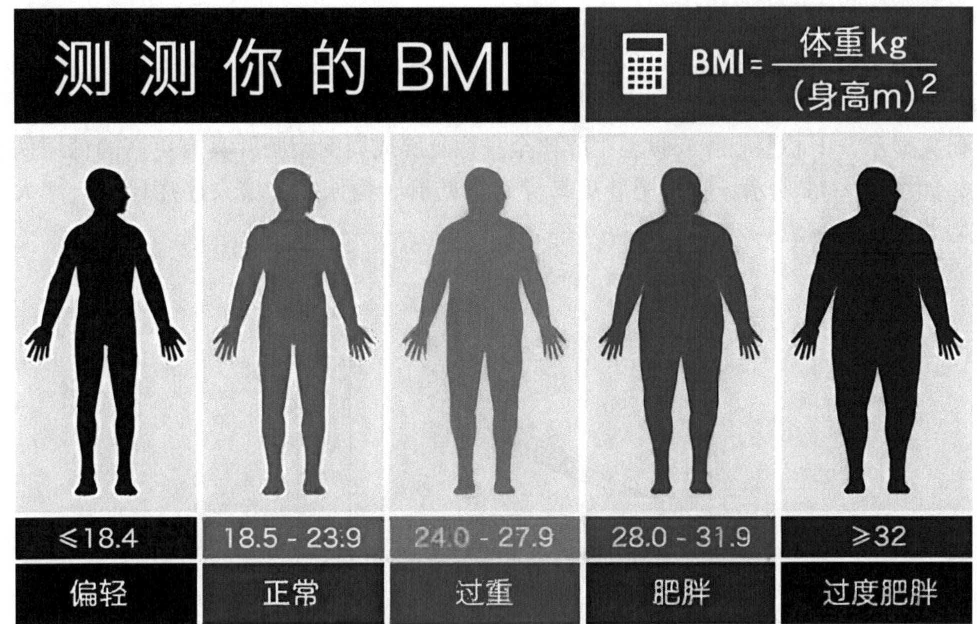

图 10－10　不同体重对应的 BMI 值示意图

（二）体重不足（Underweight）

体重不足指人体热量摄入不足，营养素缺乏，BMI 值低于 18.5。

医学研究发现，女性如果从 50 岁开始体重显著减轻的话，易发生骨折，尤其是髋关节骨折的可能性大大增加。另外，体瘦者内脏下垂的发病率很高，最明显的是胃下垂。

（三）超重（Overweight）

超重指体重超过正常标准，BMI 值超过 24。

（四）肥胖（Obesity）

1. 肥胖的概念。

肥胖是指人体过剩的热量转化为脂肪并积聚在体内的一种状态。

WHO 认为，脂肪过度堆积以至于影响健康和正常生活状态，称为肥胖。

国际健康协会认为，肥胖是把过多的能量以脂肪的形式储存在身体中的结果。

WHO 把 BMI 高于 28 的人群定义为肥胖人群，或体重增加至超过标准体重的 20% 以上者。

肥胖是一种慢性代谢性疾病，是体内脂肪蓄积过多的一种状态，已经成为现代社会中人们普遍关心的健康问题。肥胖对身体健康有较大的影响，对人体的心理健康也有较大的影响。

2. 肥胖分类（按身体部位）。

（1）全身型肥胖或周围型肥胖。

即脂肪匀称分布，臀部脂肪堆积明显多于腹部，体形最粗的部位在臀部，臀围大于腰围，常称为“梨型身材”。

（2）中心型肥胖或腹型肥胖。

世界卫生组织以腰围男≥102cm、女性≥88cm，或腰围/臀围男性＞1.0、女性＞0.9为内脏型肥胖，即中心型肥胖，常称为“苹果型身材”。

研究显示，中心型肥胖或腹型肥胖比全身型肥胖或周围型肥胖具有更高的糖尿病患病风险，如图 10－11 所示。腹型肥胖更易导致脂肪肝、糖尿病，增大癌症风险，增大心脏病风险等。

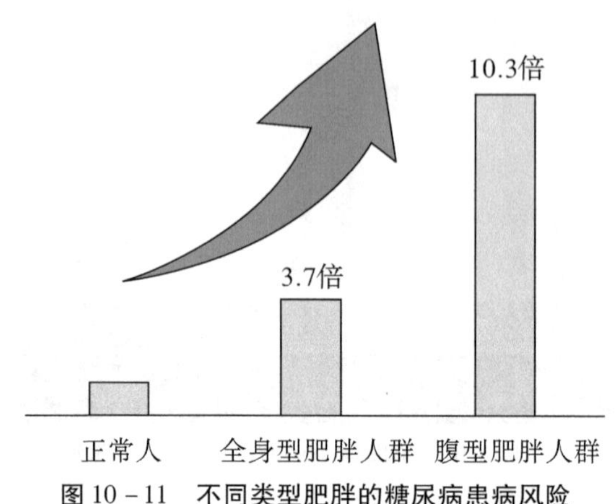

图 10－11　不同类型肥胖的糖尿病患病风险

二、肥胖问题突出

肥胖已成为全球性的最严重的公共卫生问题之一。肥胖被世界卫生组织定义为全球最大的慢性病，与多种疾病如癌症、心血管疾病、糖尿病等的发病率相关，与焦虑、抑郁等心理健康问题也有关。

2020 年，世界卫生组织估计，全球 1/3 的成年人都超重或肥胖。世界肥胖协会最新发布的《2023 年全球肥胖地图》显示，到 2035 年，全球将有超过 40 亿人属于肥胖或超重，占全球人口的 51%。

《中国居民营养与慢性病状况报告（2020 年）》数据显示，中国成人中已经有超过1/3的人超重或肥胖，成年居民（≥18 岁）超重率为 34.3%、肥胖率为 16.4%。

除撒哈拉以南非洲外，世界上所有国家几乎都面临令人担忧的肥胖问题。在过去 20 年中，全球肥胖率增长了 82%，中东地区肥胖率增长 100%。

三、肥胖的评价方法

肥胖的评价方法具有以下特点：

（1）标准。无统一标准，多为参考标准。

（2）指标。多指标、综合评价。如腰围、肥胖≠体重过重、减肥≠减重。

（3）适用范围。大规模的人群调查、研究。

（4）减肥、减脂等领域的研究较热、观点较多。如《重新思考能量平衡：有关减重和体重管理的 5 个事实》。

（5）具体的金标准也不断变化。

肥胖的评价方法有多种，见表 10－5。

表 10－5　评价肥胖的常用方法

<table>
<tr><th>序号</th><th colspan="3">肥胖的评价方法</th></tr>
<tr><td rowspan="2">1</td><td colspan="2" rowspan="2">主观评价</td><td>自己（自我感觉、目测等）</td></tr>
<tr><td>他人（观察、目测等）</td></tr>
<tr><td rowspan="11">2</td><td rowspan="11">客观测评</td><td rowspan="6">简易</td><td>体重（W）</td></tr>
<tr><td>体重指数（BMI）</td></tr>
<tr><td>腰臀比（Waist－to－Hip Ratio，WHR）</td></tr>
<tr><td>腰围</td></tr>
<tr><td>围度（胸围、腰围、上臂围、前臂围、大腿围、小腿围、上臂围……）</td></tr>
<tr><td>皮褶厚度法</td></tr>
<tr><td rowspan="4">精准（身体成分）</td><td>置换式空气体积描记法（Bod Pod）</td></tr>
<tr><td>生物电阻抗分析（BIA），生物阻抗光谱法（BIS），电阻抗肌动描记法（EIM）</td></tr>
<tr><td>双能 X 线吸收法</td></tr>
<tr><td>3D 人体扫描；超声波；计算机断层扫描（CT）；核磁共振成像（MRI）</td></tr>
<tr><td></td><td>多功能隔间模型（黄金标准）……</td></tr>
</table>

四、肥胖的具体判断方法

（一）目测

主观判断包括：自己主观判断和他人主观判断。可以通过目测的方法进行简单判断。如在现实生活中，有人知道自己是个胖子，别人感觉你也是个胖子。有统计显示，超过 40% 的人觉得自己过胖，需要减肥。部分人的主观判断并不准确。成年男性和女性体脂率的参考值，见表 10－6。

表 10－6　成年男性、女性体脂率的参考值

序号	体脂率	男	女
1	过低	<6%	<12%
2	低	6%～10%	12%～14%
3	理想范围	11%～20%	15%～24%
4	高	21%～27%	25%～31%

（二）体重

1. 世界卫生组织推荐的标准体重计算公式：

男性：

［身高（cm）－80］×70%＝标准体重

女性：

［身高（cm）－70］×60%＝标准体重

注：标准体重正负10%为正常体重；标准体重正负20%以上就是肥胖或体重不足。

2. 计算标准体重的简单公式：

标准体重＝身高（m）×身高（m）×标准系数（女性20，男性22）

标准体重（kg）＝身高（cm）－105

注：标准体重正负10%为正常的体重范围。

3. 布洛卡公式：

身高在165厘米以下者：

标准体重（kg）＝身高（cm）－100

身高在165厘米以上者：

标准体重（kg）＝身高（cm）－110

4. 适合亚洲人标准体重的计算公式（日本）：

标准体重（kg）＝［身高（cm）－100］×0.9

5. 中国人的公式：

北方人理想体重（kg）＝［身高（cm）－150］×0.6＋50

南方人理想体重（kg）＝［身高（cm）－150］×0.6＋48

6. 我国成年人常用的标准体重公式：

成年男性：

标准体重（kg）＝身高（cm）－105

成年女性：

标准体重（kg）＝身高（cm）－105－2.5

注：实测体重占标准体重的百分数上下10%为正常范围；大于10%～20%为超重；大于20%为肥胖；小于10%～20%为消瘦；小于20%为明显消瘦。

（三）体重指数

参考本案例前述内容。

（四）腰臀比

1. 概念。

腰臀比（WHR）是腰围（腰部最小尺寸）和臀围（臀部最大尺寸）的比值。

腰臀比是判定是否为中心性肥胖的重要指标。超过正常范围，患高血压、冠心病、中风等心脑血管疾病及高脂血症等的风险会明显增加。腰臀比测量示意图如图10－12所示。

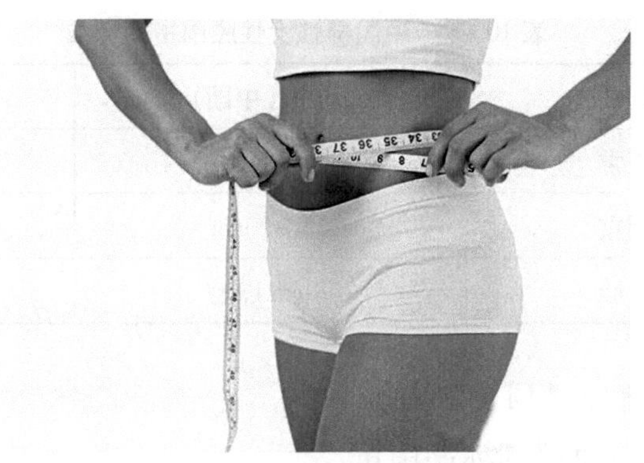

图10－12 腰臀比测量示意图

2. 腰臀比的评价。

腰臀比的评价表，见表10－7。

不同身材（梨型身材、一般身材和苹果型身材）的腰臀比评价，见表10－8。

表10－7 腰臀比评价表（1）

序号	状态	男	女
1	低危险	0.85～0.9	0.75～0.8
2	危险	≥0.9	≥0.8

表10－8 腰臀比评价表（2）

序号	身材类型	女性	男性
1	梨型身材	<0.67	<0.85
2	一般身材	0.67～0.8	0.85～0.95
3	苹果型身材	>0.8	>0.95

注：梨型身材的人脂肪较集中于臀部及大腿，需要注意这两部分的肌肉训练。苹果型身材的人，脂肪较多堆积在胸、背、腹部，容易罹患心血管疾病。

（五）腰围

腰围是衡量中心性肥胖的重要指标。

WHO建议用腰围和WHR判断中心性肥胖或腹型肥胖。

测量方法：空腹、站立，双脚分开25～30cm，长呼气。经脐部中心的水平围长，或肋最低点与髂嵴上缘两水平线间中点线的围长，用软尺测量。在呼气之末、吸气未开始时测量。

水平位绕腹一周，皮尺应紧贴软组织但不压迫，测量精确到0.1cm。腰围与身高无关，但与BMI和WHR紧密相关，是腹内脂肪量和总体脂的一个近似指标。腰围超标者发生心脑血管疾病的危险性将显著增加。

WHO建议：男性腰围>94cm、女性腰围>80cm作为肥胖的标准。

中国男性女性腰围指标标准，见表10－9。

表 10－9　中国男性女性腰围指标标准

序号	判断	男性（中国）	女性（中国）
1	正常	应控制在 85cm 内	应控制在 80cm 内
2	超重	85～90cm	80～85cm
3	肥胖	90cm 以上	85cm 以上

（六）整体测量评价（围度测量）方法

（1）胸围——经乳头的胸部水平围长。

（2）腰围——经脐部中心的水平围长，或肋最低点与髂嵴上缘两水平线间中点线围长。

（3）臀围——臀部向后最突出部位的水平围长。

（4）上臂围——上肢自然下垂时，在上臂肱二头肌最粗处的水平围长。

（5）大腿围——大腿内侧肌肉最膨隆处的水平周长或经臀股沟点的大腿水平围长。

（七）体脂率

参考本案例前述内容。

（八）其他

（1）临床观察指标（如血压、血脂、血糖、肝功能、血尿酸等）。

（2）基础代谢。

案例11　力量与健康（突破大学生体测的“难关”——引体向上）

【关键词】健康体适能、力量与健康、引体向上、动作模式

【适用课程】健康教育学、体适能测评与方法、体能训练、运动训练学、大学体育与健康、体育保健学、社会体育指导员培训、学校体育学等

【案例知识点】大学生体测、健康体适能、力量、引体向上、动作模式

【摘　要】本案例围绕力量与健康问题，重点对引体向上的关节、肌肉、动作模式等进行了基于运动解剖学、运动生物力学、运动训练学的研讨，为突破该项目体测的“难关”奠定了理论基础。本教研团队就云南大学学生体测、公共体育课程、全校选修课程、体育专业课程等不同类型的体育课程，针对“引体向上”的教学和练习进行了专题的教学实践，为突破体测的“难关”提供了科学实用的教学策略。

第一部分　大学生引体向上及格率低的问题及分析

2021年，教育部发布的我国学生体质健康的抽测复核数据再次显示，我国学生体测的及格率不高，大学生不及格率近30%，问题非常突出。如图11－1所示。

全国学生体质健康达标率的动态变化			
	时间	不及格率	备注
小学生	截止到2020年	约6.5%	5年连续下降
中学生	截止到2019年	<10%	总体明显下降
	2020年（疫情影响）	14.5%	
高中生	截止到2020年	约11.8%	总体持续下降
大学生	截止到2020年	约30.0%	

图11－1　2021年教育部发布115余万学生体质健康的抽测复核数据

《2014年全国学生体质健康调研》对大学生各项体测项目进行了分析，结果显示：引体向上的及格率远低于其他测试项目，仅达9%。如图11－2所示。

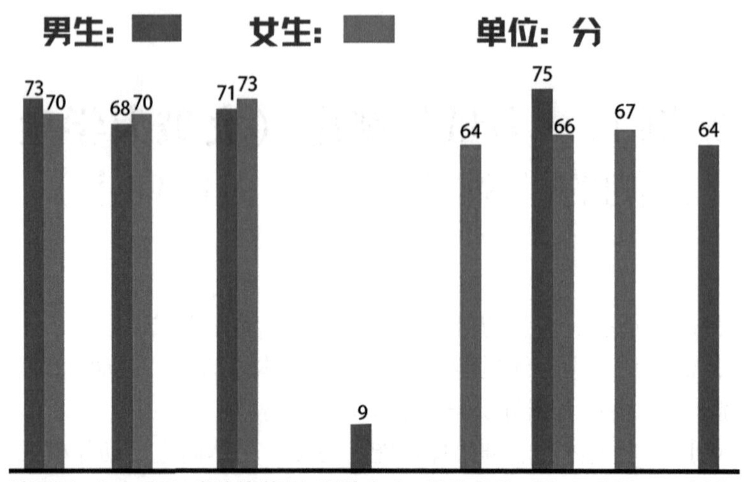

图 11－2　2014 年全国学生体质健康调研结果（大学生）

分析学生引体向上及格率低的具体原因可知，造成学生引体向上及格率低的两大原因为：发力部位及顺序不对（发力技巧的问题）；力量不够。

造成学生引体向上及格率低的情况较为复杂，学情分析可以为选择有效的、针对性强的练习方法提供可靠的依据，并选择进阶练习或退阶练习。如图 11－3 所示。

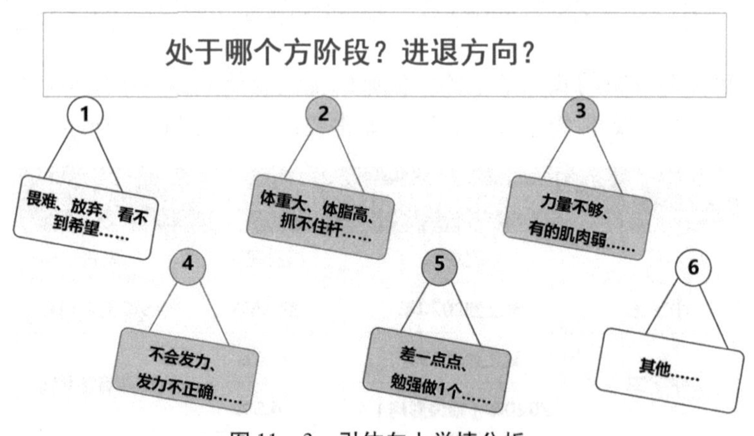

图 11－3　引体向上学情分析

第二部分　教学重点（动作模式理论、动作学习练习步骤及要点）

一、动作模式的理论

动作模式理论主要用于解释引体向上的正确发力部位、发力顺序等关键问题。引体向上的动作模式有 2 个，即悬挂＋垂直位拉起。如图 11－4 所示。

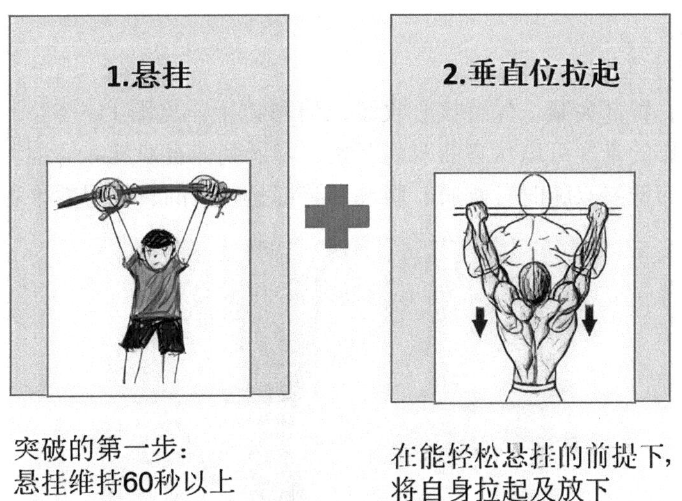

图11－4　引体向上的动作模式示意图

二、引体向上教学及练习过程说明

引体向上的教学及练习分为以下6个阶段，即悬垂练习、肩胛骨下压收紧练习、反向划船或水平引体向上练习、辅助及助力引体向上练习、半程引体向上练习、完整动作练习。见图11－5所示。

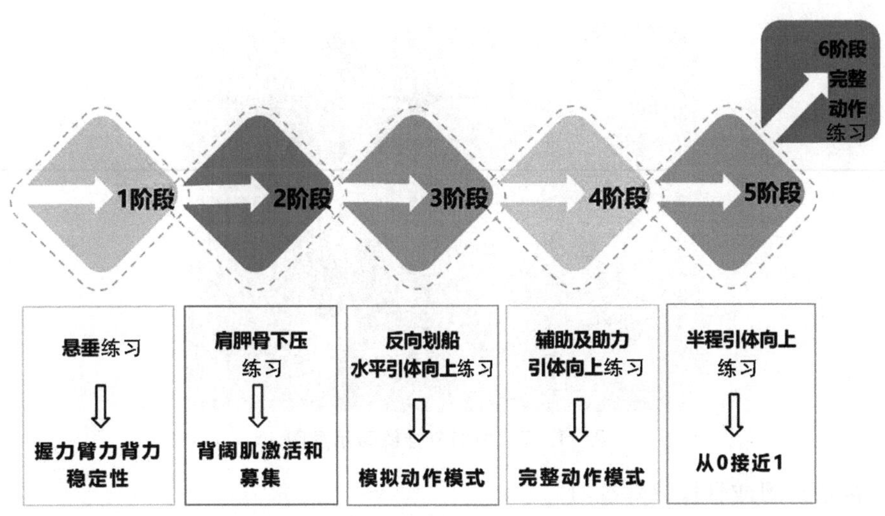

图11－5　引体向上的教学及练习过程

（一）第一阶段——悬垂练习

1. 练习目的、要求等。

练习的目的有：增加握力、臂力、背力、稳定性等。只有足够的握力才能把自己吊起来，固定在单杠上，才能更好地发挥背阔肌的能力，更好地锻炼到背部肌肉。悬垂练习包括：垂直悬挂、曲肘悬挂、悬挂下降（离心）等。身体不要耸肩或有摆动，保持两边手臂的同时发力。悬吊时间尽量延长，达到30～60秒。

2. 练习方法。

（1）垂直悬挂练习。

双脚微弯曲，臀部夹紧，保持核心收紧，30 秒以上。见图 11 –6。

悬垂练习动作的难度可以从弯曲双腿开始，发展到伸直双腿。弯曲双腿的动作背阔肌下端是松弛的，而伸展双腿时背阔肌、腹部和臀部是收紧的，练习效果更好。

图 11 –6　垂直悬挂的示意图

（2）曲肘悬挂练习。

借助凳子或跳上，下巴过杠，抓紧杆，挺胸，收紧背阔肌，背部发力，每次维持 10 ~ 30 秒。见图 11 –7。

图 11 –7　曲肘悬挂练习示意图

（3）离心练习或悬挂下降练习。

离心练习或悬挂下降练习，即从屈臂悬挂开始，控制身体慢速放下，过程中保持背部的张力。

可借助一张凳子或请他人帮忙，到达单杠的顶端，屈臂悬挂，下巴过杠，控制身体缓慢下降，保持平衡稳定，背肌对抗地心引力。见图 11 –8。

注：该练习在后面几个练习阶段均可以不断进行训练，训练效果较好。练习的组数、次数、组间休息时间等，可以根据自身情况适当增加或减少。

图11－8　离心练习的示意图

辅助练习：在悬挂训练阶段，可以进行一些增加握力、臂力、背力、稳定性的辅助练习。

①手指力量练习（强化握力的关键，并不是掌心，更多地要依靠手指的力量。如十指平板支撑、手指抓杠铃片、握力器练习等）。

②背阔肌力量练习（如高位下拉、划船器练习等）。

③小臂屈肌力量（如哑铃弯举、垂直哑铃练习等）。

3. 核心力量练习。

核心力量练习包括平板撑、侧身撑等。

4. 其他辅助肌肉的训练。

如前锯肌练习。

注：辅助练习的组数、次数、组间休息时间等，可以根据自身情况适当增加或减少。

（二）第二阶段——肩胛骨下压收紧练习

1. 练习目的、要求等。

肩胛骨下压、收紧阶段是启动和加强背阔肌等背部肌肉的力量训练，是正确发力的关键环节，也称“肩胛骨引体”。

引体向上正确的发力顺序为：肩胛骨下压→上臂内收（伸展）→顺势屈肘将身体拉起。肩胛骨下压、收紧练习为最重要的练习环节。

练习目的：背阔肌激活和募集。

练习动作：背阔肌发力练习、背阔肌力量练习、肩胛骨下压练习、沉肩练习等。

背部有明显的收缩感。肩胛内收，挤压肩胛骨，产生肩胛骨收缩夹紧的感觉。

注：可想象在背部中间夹住一支笔，再慢慢打开肩胛骨保持肩胛下沉稳定，避免出现耸肩的动作。

2. 练习方法。

（1）背阔肌练习。

①背阔肌发力练习。背阔肌发力练习的目的是通过练习，激活背阔肌发力，也称“找背练习”，感受到背部紧张用力。进行该练习的过程中，要注意感受肩胛骨发力夹紧的感觉。肩胛骨收紧和收拢，是激活背阔肌的重要要点。体会肩胛内收、挤压肩胛骨、肩胛骨收缩夹紧的感觉。

背阔肌发力练习可以采用：俯卧位（俯卧，抬臂肩胛内收，双手臂伸直，掌心朝前，向上抬起双臂），站立位（站立，双手屈肘向两侧打开时挺胸扩胸，肩胛内收），悬垂位等。如图 11 - 9、图 11 - 10、图 11 - 11 所示。

注：练习的组数、次数、组间休息时间等，可以根据自身情况适当增加或减少。

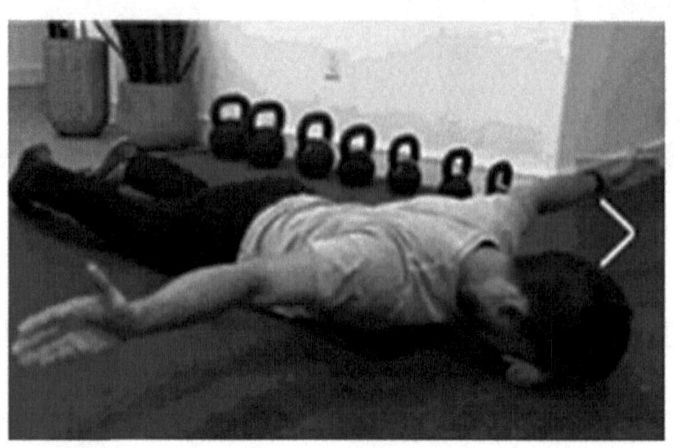

图 11 - 9 （俯卧位）背阔肌发力练习示意图

图 11 - 10 （站立位）背阔肌发力练习示意图

图 11 - 11 （悬垂位）背阔肌发力练习示意图

②背阔肌力量练习。

背阔肌力量常见练习方法有：高位下拉练习、划船器练习等。见图 11 - 12。

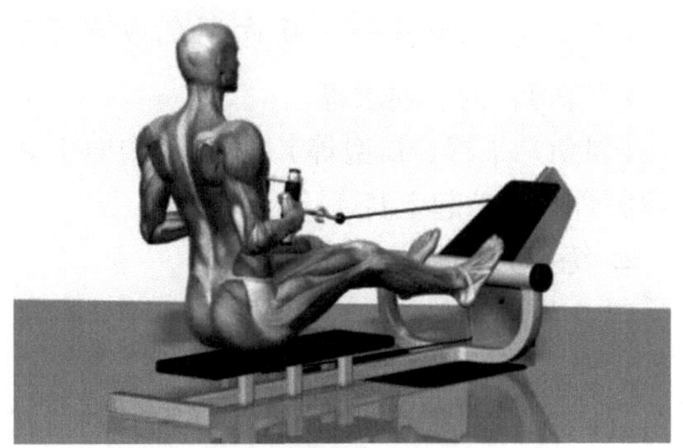

图11－12　高位下拉练习、划船器练习的示意图

（2）肩胛骨下压练习。

肩胛骨下压练习是引体向上正确发力的关键练习。

双手握住横杠，尝试做个向上的动作，但是不要离地，只是做个最初的上升动作，让自己体会肩胛骨下压，胸部上移，启动背肌（背阔肌、斜方肌下部）发力的整个过程，利用肩胛的移动，去感受身体往上带的感觉，尽量不要把压力集中在手臂和手上面。肩胛骨下压练习如图11－13所示。

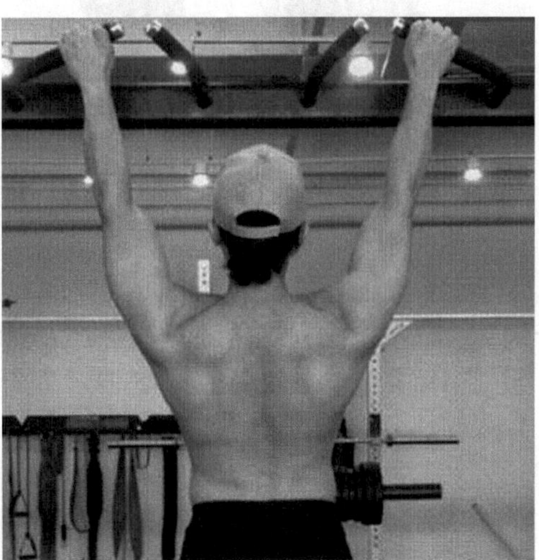

图11－13　肩胛骨下压练习示意图

通过这个动作的练习，能募集和启动背阔肌等背部肌肉的发力，为完成正确的引体向上动作提供有力的保障。

注意：

①在练习过程中，保持背阔肌和肩胛肌肉的紧张，不要放松张力自然悬挂。

②手臂处于伸直状况，感受背阔肌的紧张用力。

③在熟悉肩胛骨的运动之前，不要加上手臂上拉的动作。

（3）沉肩练习。

①单手弹力带沉肩（身体不动，手臂伸直，以肩膀上下移动为主）。

②坐姿反向耸肩（保持肩与手不动，先耸肩后沉肩）。

③双手吊杆沉肩（保持核心稳定，手臂尽量伸直，移动身体）。

（三）第三阶段——反向划船或水平引体向上练习

1. 练习目的、要求等。

（斜角、平行、L 型等）主动挺胸向上走，找用胸部贴杠的感觉，挺胸，核心收紧，将肩胛骨收紧拉起上身。

2. 练习方法。

（1）反向划船。

反向划船练习也称“澳式引体向上”。

反向划船的要点是：高度约在腰部的单杠，脚跟着地，挺胸收腹，收紧肩胛骨拉起上身。在练习过程中，注意用胸部去靠近横杆，背部发力，而不要用手臂发力，根据角度调节训练难度，保持臀部夹紧，挺胸收腹。反向划船练习如图 11 - 14 所示。

图 11 - 14　反向划船练习的示意图

（2）水平引体向上。

水平引体向上主要是模拟引体的背部发力。训练时要沉肩挺胸，体会背部夹紧的感觉。腿部可以选择伸直或屈膝。若手臂力量较弱，刚开始训练时可以稍微借助腿部的力量。水平引体向上练习如图 11 - 15 所示。

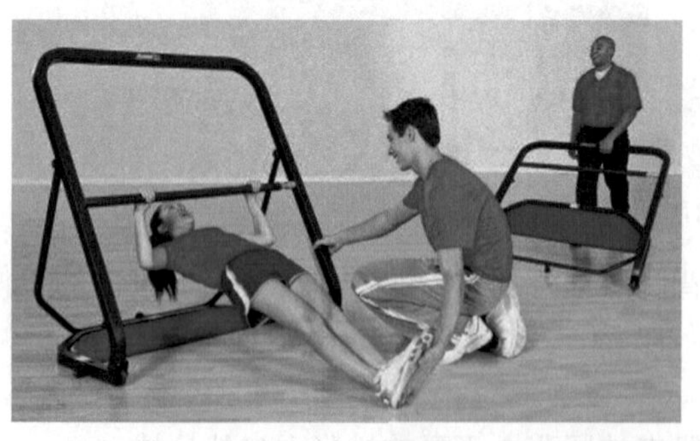

图 11 - 15　水平引体向上练习的示意图

（四）第四阶段——辅助及助力引体向上练习

1. 练习目的、要求等。

辅助及助力引体向上的练习是为了减少引体向上的负重（自身体重），找到完整的发力模式，直到能无减负做引体向上。

2. 练习方法。

（1）弹力带练习。

选择不同“磅数”的弹力带，进行辅助的引体向上练习。在练习过程中应注意正确的发力顺序，保持核心收紧，挺胸夹背。弹力带练习可以采用直腿或弯曲腿等形式，如图11－16所示。

选择弹力带练习后，只能做1－2个引体向上，说明弹力带助力不够，可以选择厚一点的或增加一条。若能做很多个，则可以减少一条。

图11－16　弹力带练习的示意图

（2）引体向上辅助练习器械。

“引体向上练习器或助力器”可以供练习者选择不同的减轻重量，进行符合自身条件的“个体化”练习方式。在练习过程中应注意正常的发力顺序，核心收紧，挺胸夹背，如图11－17所示。

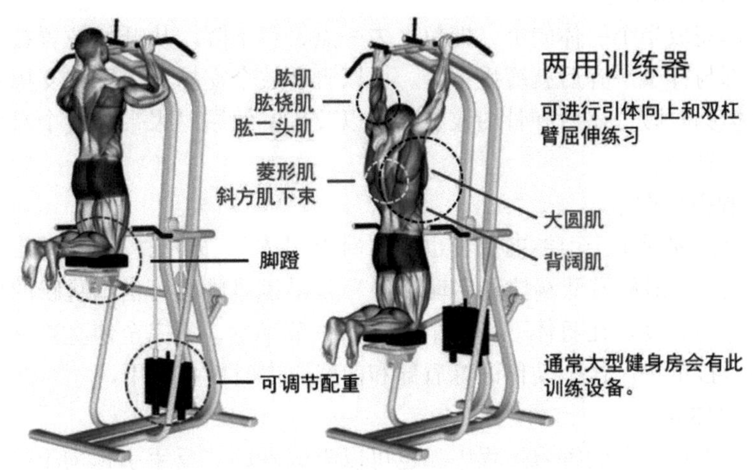

图11－17　引力向上辅助练习器械示意图

（3）助力练习。

助力练习可以采用助手帮助或采用蹲姿或半跪，通过减少下肢的重量，以帮助完成引体向上的练习。在练习过程中应注意正常的发力顺序，核心收紧，挺胸夹背，如图 11－18 所示。

注：练习的组数、次数、组间休息时间等，可以根据自身情况适当增加或减少。

图 11－18　助力练习示意图

(五) 第五阶段——半程引体向上练习

1. 练习目的、要求等。

在完成完整的引体向上之前，可以进行半程引体向上的练习，即进行一半的锻炼，不要求完成完整的引体向上动作。主要是为适应半空中这个中位的感觉。在锻炼时要控制好自己的速度，下去时要慢，不要顺势而下，要发力保持，缓慢向下，然后半程就拉起。

2. 练习方法。

(1) 前半程引体向上。

练习在下部完成半个引体向上，即拉上去一点，就下降。从开始位置拉起身体，略微上升，拉至头部与杆子平齐后就缓慢下降。可以脚下放个支撑物，踩在支撑物上借力做引体向上。注意挺胸收腹，靠肩胛骨内收、下沉以及手臂的屈肘来带动整个身体上升，上升时不要出现摇摆晃动。

(2) 后半程引体向上。

即练习在上部完成半个引体向上，也称“跳上引体”，即从最高点下降一点后拉起。

引体的“拉”(即从最低端拉到启动姿势) 是最困难的，可借助跳跃的惯性上拉，以降低从底部上拉的难度。在身体下降一半时 (肘关节半弯，不完全伸直) 又开始上拉，即下落一点后赶紧拉上去。这个动作锻炼肩部和前臂肌肉时较多采用。

(3) 反手引体向上。

在进行半程引体向上的练习过程中，也可以尝试进行“反手引体向上”(难度低于正手引体向上)。如图 11－19 所示。

图11－19　“反手引体向上”动作的示意图

（六）第六阶段——完整引体向上练习

1. 练习目的、要求等。

认真完成前面几步的练习后，使握力、背力等明显增强且能正确发力。

能顺利完成辅助引体向上后，可以尝试完成一个完整的“引体向上”练习。此阶段是在打好基础的前提下，争取在无减负（辅助）的情况下，完成完整的引体向上。进行完整的引体向上练习，需注意正确的发力顺序。若动作变形，应返回进行前面的基础练习。

标准握距即与肩同宽的握法，注意发力顺序：肩胛骨内收→肩胛骨下沉→手臂屈肘，尽可能地超过头部，拉至胸部位置，再缓慢下放，即可完成一个完整的引体向上。腹部绷紧（收紧核心），臀部收紧，沉肩收背，胸部向上，感觉是双手往中间“挤”着上去，要比手“拉”着上去更省力些，也能减轻手臂的负担。

2. 练习方法。

完整引体向上练习的原则：可采用GTG非疲劳训练法，或称“刻蚀训练法”。如图11－20所示。

图11－20　GTG非疲劳训练法示意图

保持活力训练理论（Greasing the Groove，GtG），该理论是美国著名的体能训练师

Craig Marker 提出的。该理论最突出的是：它是一种训练力量的技巧性练习，不提倡“训练到力竭”。该观点颠覆了一些传统强调大肌肉、大力量的训练理论。该训练方法的关键点是“非疲劳+高频率”。

在肌肉力量最有活力的时候训练，周而复始形成某种肌肉记忆。反复做一个练习时，被练习到的肌肉会经历收缩过程，肌肉收缩是收到了神经系统传送的信号。当肌肉纤维反复收到相同的信号时，一个更为有效率的动作模式就会被发展起来。神经元变得更有效率的这个过程被称为“myelination”（髓鞘化）。有效率的神经肌肉控制模式还能引发体内更多潜在的力量，肌肉收缩得更快，肌肉纤维参与收缩的数量也变多，这可以看作是一个“肌纤维众筹”的过程，能发挥出更多的力量。有效率的神经肌肉控制模式也可以提升力量。

练习的频次可以多，但每次练习不要疲劳或力竭。完整的引体向上需要经过较长时间的练习，应坚持不懈，多做、经常做，做的时候不要一次过于疲劳、次数过多。

GTG 训练的目标是一日内累积很多次数，而次数是分散在一整天的。

案例 12　平衡能力测评与训练

【关键词】 平衡能力、平衡能力的测试和评估、平衡能力的训练

【适用课程】 健康教育学、体适能测评与方法、体能训练、运动训练学、大学体育与健康、体育保健学、学校体育学、社会体育指导员、培训等课程

【案例知识点】 平衡能力、分类、平衡能力的测评方法、平衡能力的训练

【摘　要】 本案例围绕平衡能力的测评与训练问题，对平衡能力的分类、平衡能力的测试和评估、平衡能力的训练等进行了重点分析，以帮助学生对平衡能力的测试、评估和改善有全面、系统的了解。

第一部分　平衡能力概述

一、定义

人体平衡能力是指人体维持自身稳定性的能力，包括维持某种姿势的能力和受外力作用时调控机体保持平衡的能力。平衡能力是人体重要的生理机能之一，也是运动员必须具备的重要身体素质。

当人体重心偏离人体稳定位置时，人体就要通过自发的、无意识的或反射性的活动来保持身体稳定、恢复重心稳定，这种能力即人体平衡能力。

平衡功能正常时应该有如下表现：

（1）能保持正常生理体位。

（2）随意运动中可调整姿势。

（3）能安全有效地对外来干扰做出反应。

二、作用

良好的“动态平衡”能力有以下积极影响：

1. 维持身体姿势。

平衡力是衡量健康的一项重要指标，站、坐、蹲、骑等姿势都离不开平衡能力。

2. 能维持身体运动状态。

人的任何运动都是在维持身体平衡的状态下进行的。在混乱的运动环境中，保持稳定位置的能力对成功应用技能至关重要。

3. 降低摔倒风险，与寿命关系密切。

良好的平衡能力可预防跌倒，降低运动损伤的发生率。平衡能力降低是老年人易发生摔倒的主要原因，跌倒死亡是 65 岁以上老人因伤致死的首位原因。

4. 保护关节。

运动中单腿支撑的平衡能力下降，容易出现膝内扣，进而导致韧带半月板损伤、软骨磨损、关节疾病早发等一连串不良后果。

5. 有利于身体的协调和反应能力的提高，处理琐事的能力提高。

6. 对整体形象的提升有所帮助，走路姿态稳定挺拔。

三、影响因素

（一）生物力学方面

平衡能力的生物力学方面因素主要有支撑面积、支撑面的稳定性、重心高度、体重等等。

（二）生理学方面因素

平衡能力主要依赖于视觉、前庭器官、本体感受系统的信息输入和神经中枢对信息的整合和对运动效应器的控制（包括足底深感觉等）等生理学方面因素。平衡的实现需要靠视觉、肌肉力量、神经系统等多重机制相互协调。

（三）其他因素

其他因素如年龄、性别、环境、疾病、药物、衣物、鞋子等。

四、平衡能力的生理机制

身体通过三个信息反馈系统即本体感受系统、视觉系统、前庭系统保持平衡。身体保持人体平衡的环节有以下 3 个：感觉输入、中枢整合、运动控制。

（一）本体感受系统

肌肉和关节向大脑发送有关在空间中的位置反馈，以便及时觉察身体各部位所处的位置，并通过神经自觉地调整相应部位使之不至于倾倒。

平衡的躯体感觉输入包括：皮肤感觉（触、压觉）输入和本体感觉输入。正常人站立在固定的支持面上时，足底皮肤的触压觉和踝关节的本体感输入起主导作用，向大脑皮质传递有关体重的分布情况、COG 的位置、支持面变化，如面积硬度、稳定性以及表面平整度等而出现的有关身体各部位的空间定位和运动方向的信息。

（二）视觉系统

视觉使机体能感知客观物体的形状、颜色和运动等。

在视环境静止不动的情况下，人通过视觉准确感受环境中物体的运动以及眼睛和头部的视觉空间定位。

（三）前庭系统

前庭系统是内耳中主管头部平衡运动的装置，是人体平衡系统的重要组成部分，分为外周前庭系统、前庭中枢处理系统和运动输出系统等 3 个部分。

前庭系统具有特殊的感受器，能够接受适宜的刺激，经前庭神经把刺激信息传入到相应的脑干内的前庭神经核以及小脑，经过与其他感觉信息（如视觉信息、其他本体感觉信息）的整合、加工等处理后，再经多条神经通路把这些信息传送到脑内更高层次的中枢，进行高层次的加工处理，甚至形成主观意识；或经一定的神经通路传送到运动神经核（如眼动神经核、脊髓前角运动核等），从而做出特异性和非特异性的功能反应。

五、平衡能力的分类

平衡能力分为静态与动态两类。其中，静态平衡维持站立和坐姿的平衡；动态平衡维持走路和动作平衡。平衡能力分类示意图见图 12－1。

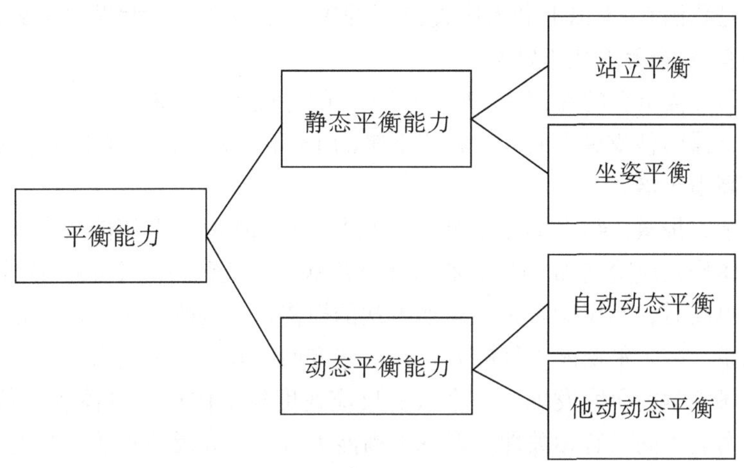

图 12－1　平衡能力分类的示意图

静态平衡能力指的是人体通过视觉、本体感觉系统、前庭系统等将感觉信息汇集至小脑，维持某种姿势或稳定状态的能力，如人体保持站立或坐姿等稳定状态的能力。动态平衡能力指的是人体在运动或受到外力作用时能自动调整并维持姿势的能力。动态平衡能力又可分为自动动态平衡能力和他动动态平衡能力两种情况。其中，自动动态平衡能力指的是人体进行各种自主运动时重获稳定状态的能力；他动动态平衡能力指人体受到外界的干扰（推、拉等）后重获稳定状态的能力。

因此，平衡能力又可分为三类：静态平衡、动态平衡、反应性平衡。

六、平衡能力障碍的表现

平衡能力反映了身体的肌肉力量及其协调能力、中枢神经系统处理信息的速度、各种感觉器官的功能及灵敏程度，是身体综合素质的体现。平衡能力出现障碍的表现为：

（1）姿势不正确。

（2）反应迟缓。

（3）肌力和肌耐力的低下，肌肉失去弹性。

（4）关节灵活性和软组织柔韧性的下降。

（5）中枢神经系统功能的障碍。

（6）视觉、前庭器官、本体感受系统的效率降低。

（7）触觉的输入和敏感度降低。

（8）空间感知能力降低等。

七、平衡能力与健康的相关研究

研究表明：40 岁以后，人的平衡能力会快速下降。老年人视觉及内耳平衡系统退化，下肢肌力也逐渐下降，平衡力会大大减弱。

一些慢性疾病也会影响平衡力。如糖尿病人的肌肉和神经受到损伤，会出现腰背痛、走路乏力，平衡力会大打折扣。

跌倒死亡是我国 65 岁以上老人因伤致死的主要原因之一。世界卫生组织发布报告指出，全球每年有 30 余万人死于跌倒。

英国医学研究委员会的专家对 2760 名 53 岁的男性和女性进行了测试。那些闭眼单腿站立平均只能支撑两秒或更少的人，在接下来的 13 年里死亡的可能性要比那些能保持 10 秒及以上的人高出 3 倍。

据医学会杂志报道：40 岁以后，年龄每增加 15 ~ 20 岁，平衡能力会明显下降；平衡能力差的人总体伤亡风险增加 44%，心脑血管疾病及病症的发病率也明显增加。

平衡能力提高后，不仅能防止在运动中跌倒损伤，还能改善全身的血液循环，提高免疫力。具体来说，一个平衡能力好的人，在这些方面的表现会更出众。

英国爱丁堡大学的研究发现，一个人的反应速度集中体现了身体各部位的协调能力。反应速度与平衡能力间具有相关性，锻炼平衡能力可以提高反应速度；反之，平衡能力下降也会影响到大脑的反应速度。

日本京都府立大学山田教授：根据 30 多年对人体生理功能的研究，得出结论："闭眼单脚站立"保持 9 秒以上的人更年轻。

第二部分　平衡能力的测试

一、平衡能力的测试及评估

平衡能力的测试方法包括：观察法、量表测评法、仪器检查法（实验测试法）等三类。

另外，Y - balance Test 测试是运动领域应用较为广泛的测试方法，属于实验测试法中的人体动态平衡测试，现已逐渐被康复医学等领域关注。

人体平衡能力的评估包括两个方面，即静态评估（人体姿态、站立平衡）和动态评估（站走转移、行走步态）。

二、平衡能力测试的具体方法（图 12 - 2）

（一）观察法

（1）闭目直立检查法（Romberg's Test）。

（2）强化 Romberg 检查法（Strengthening Romberg's Test，SR）。

（3）单腿直立检查法（One Leg Stand Test，OLST）。

（4）过指试验（Past Pointing Test，PPT）。

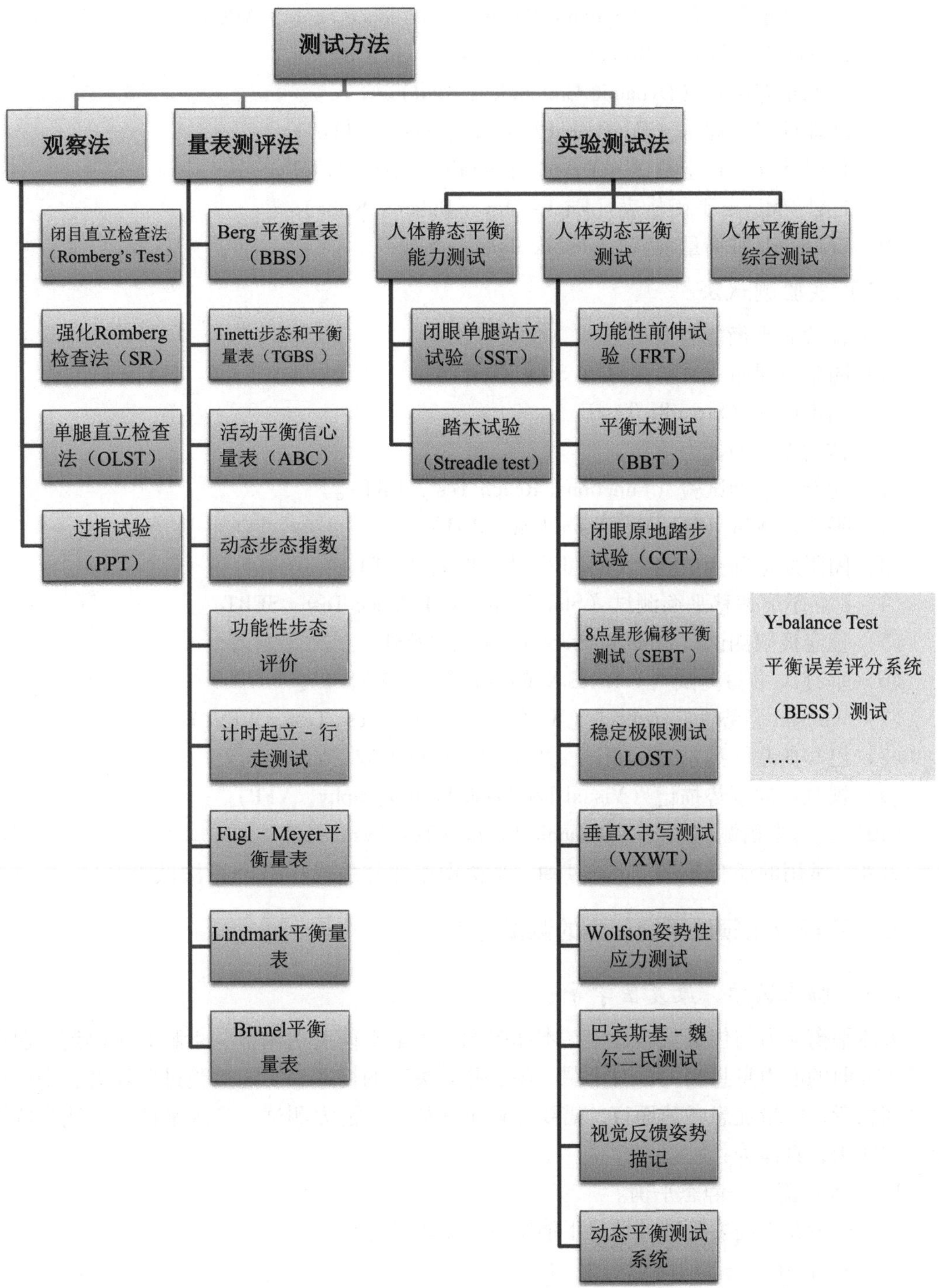

图 12 – 2　平衡能力测试的具体方法及名称

（二）量表测评法

（1）Berg 平衡量表（Berg Balance Scale，BBS）。

（2）Tinetti 步态和平衡量表（Tinetti Giat and Balance Scale，TGBS）。

（3）活动平衡信心量表（Specific Balance Confidence Scale，ABC）。
（4）Brunel 平衡量表（Brunel Balance Assessment，BBA）。
（5）动态步态指数（Dynamic Gail Index，DGI）。
（6）功能性步态评价（Functional Gail Assessment，FGA）。
（7）计时起立 - 行走测试（Timed Up and Go Test，TUGT）。
（8）Fugl - Meyer 平衡量表（Fugl - Meyer Balance Scale）。
（9）Lindmark 平衡量表（Lindmark Balance Scale）。

（三）实验测试法

1. 人体静态平衡能力测试。
（1）闭眼单腿站立试验（Stork Stand Test）。
（2）踏木试验（Streadle Test）。
2. 人体动态平衡能力测试。
（1）功能性前伸试验（Functional Reach Test，FRT）。
（2）平衡木测试（Balance Beam Test，BBT）。
（3）闭眼原地踏步试验（Closed Cycles Test，CCT）。
（4）8 点星形偏移平衡测试（Star Excursion Balance Test，SEBT）。
（5）稳定极限测试（Limit of Stability Test，LOST）。
（6）垂直 X 书写测试（Vertical X Writing Test，VXWT）。
（7）Wolfson 姿势性应力测试（Wolfson Postural Stress Test，WPST）。
（8）巴宾斯基 - 魏尔二氏测试（Babinski Weyl Two's Test）。
（9）视觉反馈姿势描记（Visual Feedback Posturography，VFP）。
（10）动态平衡测试系统（Dynamic Balance Test System）。
另外，常用的还有 Y - balance Test、平衡误差评分系统（BESS）测试等。

三、不同应用领域平衡能力的测试特点

（一）临床医学、康复医学等

人体平衡能力与位置觉、视觉、本体感觉、大脑平衡反射调节、小脑共济协调、肌肉力量等方面的能力息息相关。对于踝、髋、膝等关节的构造和功能遭受过破坏者，中枢神经疾病患者，眩晕症患者等而言，需要进行全面的平衡能力测试。三级平衡检测法在临床上经常使用，具体为：

1. 一级平衡——静态平衡。

被测试者在不需要帮助的情况下能维持所要求的体位。

2. 二级平衡——自动动态平衡。

被测试者能维持所要求的体位，并能在一定范围内主动移动身体重心后仍维持原来的体位。

3. 三级平衡——他动动态平衡。

被测试者在受到外力干扰而移动身体重心后仍恢复并维持原来的体位。

（二）运动科学领域

平衡能力测试多需考虑运动专项特点、运动训练水平等因素。平衡能力测试包括一般平衡能力和专项平衡能力两种。

1. 一般平衡能力测试。

（1）单腿平衡能力测试。

（2）Y – balance Test（动态平衡和核心控制能力测试）。

（3）平衡误差评分系统（BESS）测试。

（4）不稳定表面上的平衡性测试。

2. 专项平衡能力测试。

专项平衡能力依据运动专项特点、运动损伤规律等，选择关联度较高的测试动作，如花样滑冰等运动员测试左右下肢落地的策略和稳定性，足球、篮球运动员等可考虑测试干扰状态下保持平衡的能力。

（三）较大规模的体质监测

多选择闭眼单腿站立试验法。

（四）老年人

可考虑选择简易自测方法或 Berg 平衡量表法等。

（五）实验室、康复中心等

有条件时多考虑采用动态平衡测试系统、人体平衡能力综合测试等。

四、主要测试方法简介

在多种平衡能力的测试方法中，使用较多的有 Berg 平衡量表、闭目单腿站立试验、功能型前伸测试、动态平衡和核心控制能力测试、平衡误差评分系统（Balance Error Scoring System，BESS）测试、人体平衡能力综合测试系统等。

目前，Berg 平衡量表是目前临床上应用最多的平衡量表；国民体质监测体系等采用闭目单腿站立试验；运动员的平衡能力测试多采用 Y – balance Test、平衡误差评分系统测试等；动态平衡测试系统、人体平衡能力综合测试系统多在条件较好的实验室、康复机构中使用。

另外，还可以采用其他几种简易的自测方法。

（一）Berg 平衡量表（Berg Balance Scale，BBS）

BBS 为综合性功能检查量表，它通过观察多种功能活动来评价患者重心主动转移的能力，对患者坐、站位下的动、静态平衡进行全面检查，常用于评定脑血管及脑损伤患者的平衡功能。Berg 平衡量表法共包括由坐到站、独立站、独立坐、由站到坐、床椅转移、闭眼站立、双足并拢站立、站姿上肢前伸、站姿拾物、转身向后看、转身 1 周、双足交替踏台阶、双足前后站立、单腿站立等 14 个测试项目，每个项目可积 0 ~ 4 分，满分 56 分，由测试人进行主观评分。

（二）闭目单腿站立试验（Stork Stand Test）

1. 测试目的。

闭目单腿站立试验（Stork Stand Test）是评估人体静态平衡能力的常用测试方法之一。

目前，它已经被列入中国国民体质监测的测试项目，是衡量健康的一项重要指标。

闭目单腿站立是通过测量人体在没有任何可视参照物的情况下，仅依靠大脑前庭器官的平衡感受器和全身肌肉的协调运动，来维持身体重心在单脚支撑面上的时间，以反映平衡能力的强弱。它是反映中老年身体素质的重要指标。

2. 动作要领。

闭上双眼，两臂平举，任意抬起一只脚。

3. 衡量标准。

如果可以坚持 10 秒以上，说明身体各系统处于相对平衡状态，健康状况较良好。反之，说明反应肌力与平衡力较弱，衰老较快。如果坚持不了 6 秒，提示平衡力已经相当于快 70 岁的人，衰老速度大于实际年龄

闭目单腿站立能测试出反应肌力与平衡的功能，时间越短，分数越低，平衡力越差，有助于判断人体老化程度。闭目单腿站立时间 >9 秒，可能更“年轻”。

根据不同性别和年龄，闭目单腿站立时间长短的判断标准，见表 12 - 1。

表 12 - 1　闭目单腿站立的测试标准

男性	女性	站立时间
30 ~ 39 岁	40 ~ 49 岁	9 秒
40 ~ 49 岁	50 ~ 59 岁	8 秒
50 ~ 59 岁	60 ~ 69 岁	7 秒
60 ~ 69 岁	70 ~ 79 岁	6 秒

4. 其他。

我国国民的平衡能力现状不容乐观。国民体质监测公报显示，与 2010 年相比，2014 年 3 ~ 6 岁幼儿（男女）走平衡木的能力下降了 4% 左右，20 ~ 39 岁成年男女闭目单腿站立能力分别降低约 11% 和 9%，40 ~ 59 岁的成年男女的平衡力也出现大幅下滑。

平衡的实现需要靠视觉、肌肉力量、神经系统等多重机制相互协调。在睁眼单腿站立时，眼睛感觉到身体斜了，会自动发信息给小脑，来调节身体的平衡。

但闭上眼睛，身体就只能依赖关节和肌肉的信息反馈来帮助保持平衡。若反应下降，会出现摇摇晃晃保持不了平衡的情况。

（三）功能型前伸测试（Functional Reach Test，FRT）

1. 测试目的。

评估人体的动态平衡能力。

2. 测试准备。

测量前伸的距离，单位为厘米。

需要的器材：量尺，胶带。

开始之前使用胶带将量尺水平固定在墙壁上，高度大致与客户或运动员的肩部相同。功能型前伸测试如图 12 - 3 所示。

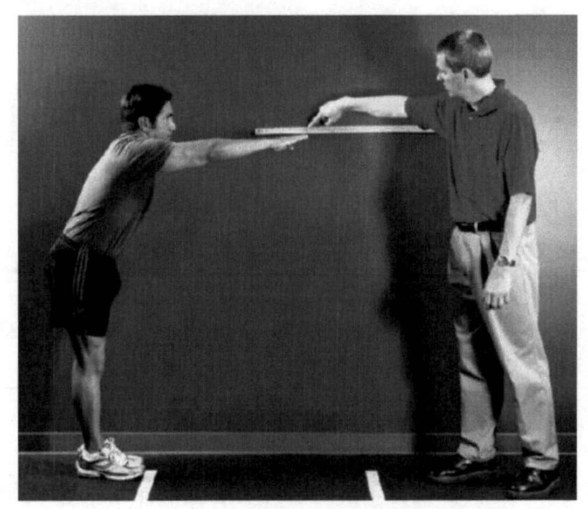

图 12－3　功能型前伸测试示意图

3. 测试过程。

（1）在开始时，首先告知被测试者："将测量你的双臂前伸能力。准备好了吗？如果准备好了，现在开始测试。"

（2）指示被测试者："以站姿开始，背部挺直，双脚分开至与肩同宽。肩部垂直于墙壁，调整你的身体，使双臂笔直向前时指尖位于量尺的零刻度处。"

（3）向被测试者解释："在我说'开始'之后，沿着量尺尽可能远地向前伸且保持平衡；与此同时，我会记录你手臂伸展的距离。"

（4）记录被测试者手臂沿着量尺伸展的最大长度，结果精确到厘米，指示被测试者回到起始位置并放松，再尝试两次。

4. 替代或修改方案。

还可以进行横向伸展测试，让被测试者在开始时背靠墙壁，手臂沿着量尺伸展到尽可能远的位置，同时保持双脚与地面的接触。

完成之后，以 3 次测试中的最大值为最终结果。

5. 衡量标准。

标准数据：男性和女性的功能型前伸测试的平均值分别见图 12－4、图 12－5。

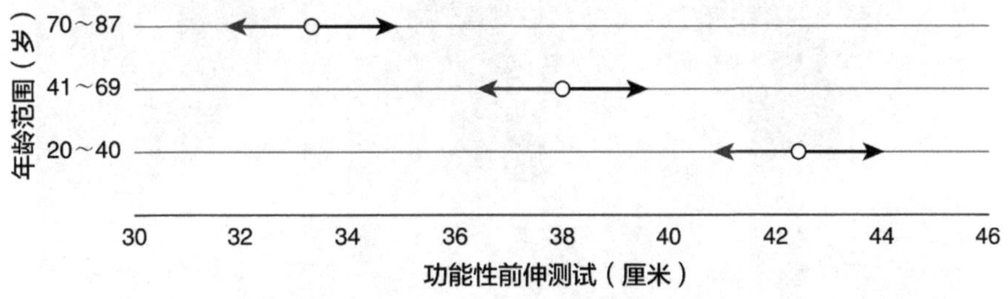

图 12－4　男性在各年龄阶段的功能型前伸测试的平均值

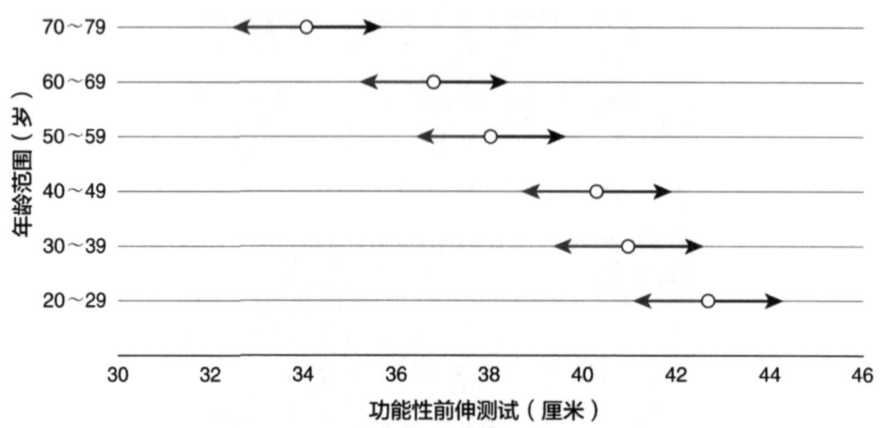

图 12－5　女性在各年龄阶段的功能型前伸测试的平均值

（四）Y 平衡测试

1. 简介。

Y 平衡测试（Y－balance Test，YBT）是一种综合功能性测试，起源于美国，既可用于上肢，也可用于下肢，通过该测试能够反映出测试者上下肢的稳定能力和左右平衡的问题，也是运动员受伤风险的重要指标。

YBT 的简单和可靠性，可清楚明了告知人体运动控制和功能对称性的情况，它如一张地图，标示出了阻碍运动表现和康复治疗的障碍所在。YBT 对上下肢的损伤风险进行评估和预测，可配合 FMS PRO 应用程序来跟上万人的数据进行对比，判断人体的动态平衡稳定能力处于同类人群的什么位置。

Y 平衡测试是在星形偏移平衡测试（Star Excursion Balance Test）的基础上完成和改善后的测试，是对星形偏移平衡测试的一种简化，将 8 个测试方向缩减到了 3 个，提高了实用性，推进了商业化进程。

YBT 要求测试者用一条腿保持平衡，同时用另一条腿在三个不同的方向上尽可能地达到平衡（前侧、后内侧和后外侧），可衡量测试者在各个方向上的力量、稳定性和平衡能力。如图 12－6 所示。

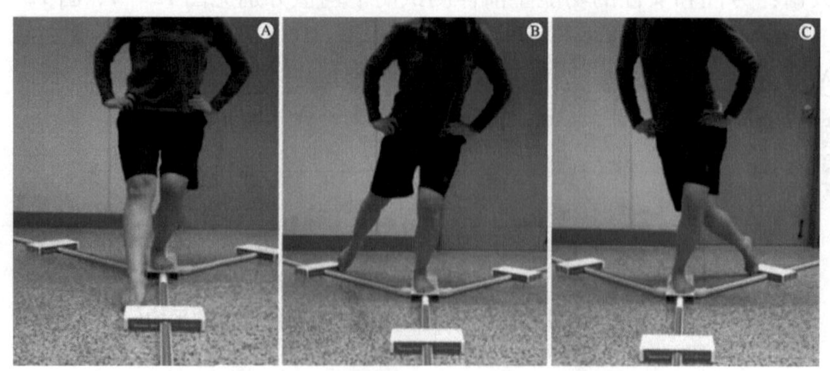

图 12－6　Y 平衡测试（3 个方向）示意图

2. 测试目的（下肢）。

下肢Y平衡测试的目的：测试下肢的力量、灵活性与平衡能力。下肢Y平衡测试被广泛用于下肢损伤的预防评估，如长期脚踝不稳、膝盖韧带损伤等。通过对比左右肢体在各方向上伸的最远的距离的差值和综合值的大小，来评价肢体的动态平衡能力、功能对称性及损伤风险。

3. 测试流程（下肢测试）。

（1）热身。

被测试者须先充分热身。

（2）准备工作。

脱去鞋袜，记录受试者下肢长度（髂前上棘到同侧脚内踝中点的距离），见图12－7。

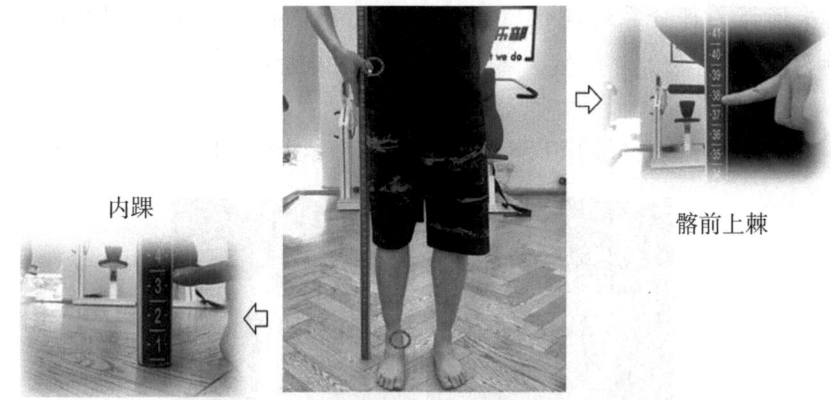

图12－7　测试受试者下肢长度（髂前上棘到同侧脚内踝中点的距离）

（3）测试步骤。

在正式测试前，让受试者在3个方向进行6次练习。

首先让受试者站立，脚放在站立板上，脚趾的最远端在红线之后，保持单腿站立的姿势，双手掐腰。让受试者用移动腿向三个方向伸展，然后再回到起始位置。

测试中，以滑盒靠近受试者一侧的边缘为标准读取伸展距离，以0.5厘米为计量单位。

每条腿每个方向要完成3次测试，并选择最远一次的距离进行分析。如果某一次测试失败了，则继续进行下一次测试，每条腿每个方向最多测试6次。如果某个方向上失败了4次以上，那这条腿这一个方向的成绩记为“0”。

（4）完整的测试顺序。

右侧前伸→左侧前伸→右侧后内侧伸→左侧后内侧伸→右侧后外侧伸→左侧后外侧伸。即测试顺序为右前方、左前方、右内后方、左内后方、右侧后方、左侧后方。

4. 注意事项。

在测试时，支撑脚的足跟不能抬起或移动。

移动脚在向各个方向进行测试时不能以测试板或测试杆作为支撑，也不能接触地面。

移动脚在推动过程中应与测试板始终贴合，不能依靠惯性。

5. 测试错误。

出现以下任意一种情况，则该次测试判为失败：

（1）把滑盒踢出去。

（2）无法有控制地回到起始姿势。

（3）伸展过程中脚碰到地面了。

（4）移动腿撑在滑盒上了。

6. 评分系统。

测试完成后，教练可以使用以下三个公式中的任意一个或全部，计算运动员的 YBT 成绩：

绝对伸展距离（cm）＝（方向 1 最远距离＋方向 2 最远距离＋方向 3 最远距离）/3

相对伸展距离（%）＝绝对伸展距离/下肢长度×100

综合伸展距离（%）＝3 个方向最好成绩之和/3 倍的下肢长度×100

（五）平衡误差评分系统测试（Balance Error Scoring System，BESS）

平行站姿测试、单腿站姿测试、踵趾站姿测试分别如图 12－8、图 12－9、图 12－10 所示。

男性、女性在各年龄阶段的 BESS 测试值分级，见图 12－11、图 12－12。

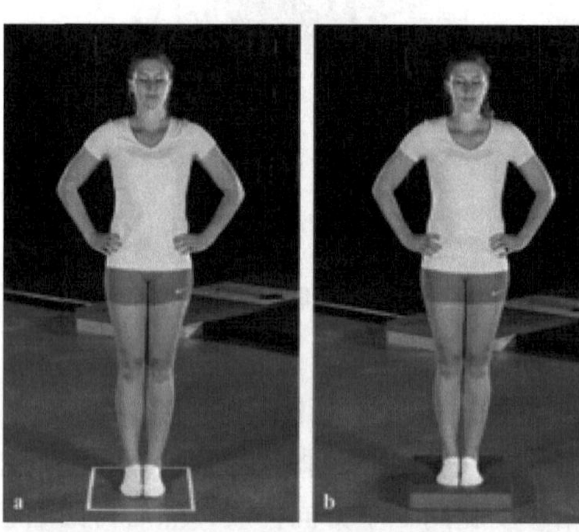

图 12－8　在不同表面上进行的平行站姿测试：a. 坚硬的；b. 柔软的

图 12－9　在不同表面上进行的单腿站姿测试：a. 坚硬的；b. 柔软的

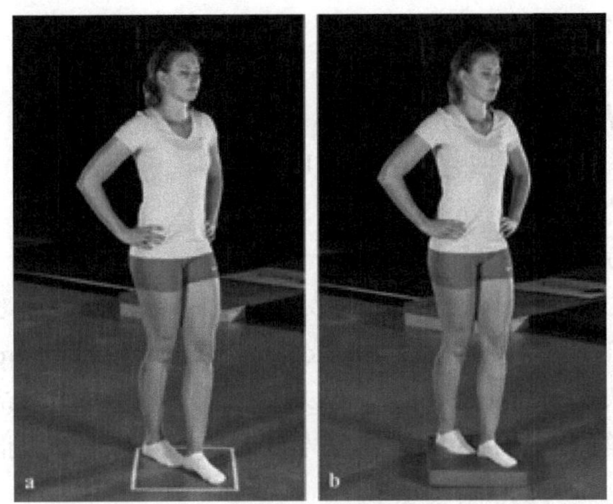

图 12－10　在不同表面上进行的踵趾站姿测试：a. 坚硬的；b. 柔软的

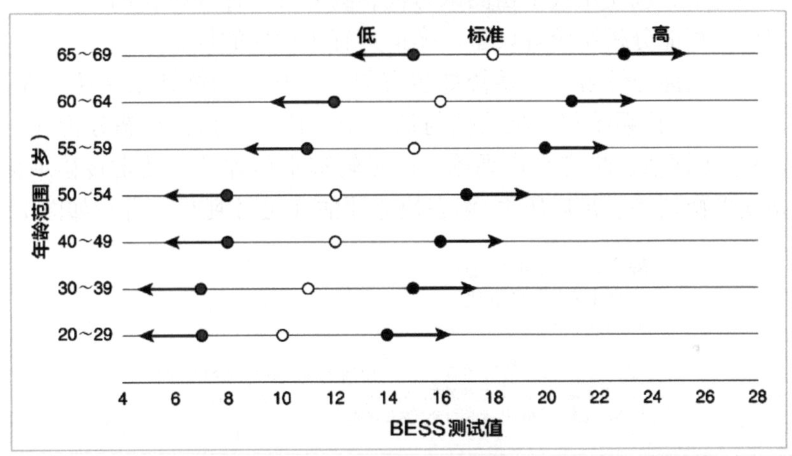

图 12－11　男性在各年龄阶段的 BESS 测试值分级示意图：低 25%；标准 50%；高 75%

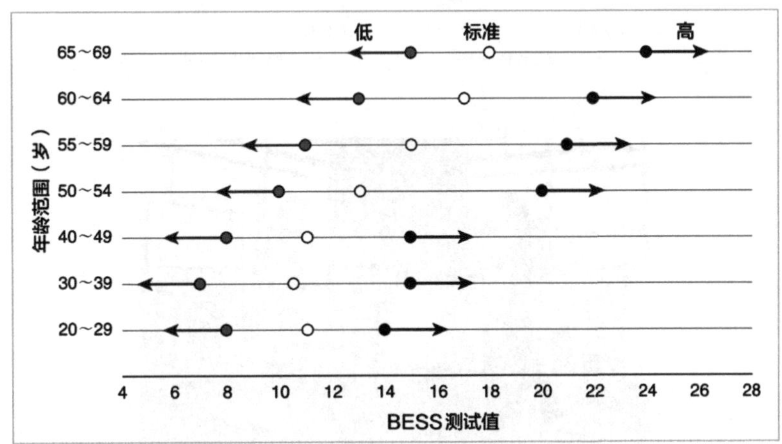

图 12－12　女性在各年龄阶段的 BESS 测试值分级示意图：低 25%；标准 50%；高 75%

以下为错误动作评分标准：

（1）睁眼，1 分。

（2）手离开髂嵴，1 分。

（3）足尖或足跟抬起，1 分。

（4）保护性动作，1 分。

（5）髋屈曲或外展 >30°，1 分。

（6）姿势失控 >5s 无法返回起始姿势，10 分。

（7）2 秒内出现的错误，1 分。

注：替代或修改方案

改进的 BESS 测试包括在坚硬和柔软的表面上的平行、单腿和踵趾站姿测试，是第 3 版的运动性脑震荡评估工具（Sport Concussion Assessment Tools，3rd Edition，SCAT3）的一部分。在可能发生头部受伤时，评估员可以立即在现场进行此测试。在睁开或闭上眼睛的情况下长时间保持单腿站姿的能力也可作为衡量静态平衡能力的指标。

（六）人体平衡能力综合测试系统

在实验室环境中，现使用代平衡测试力板、测力台、计算机化动态姿势图、计算机化动态姿势描记机、智能分析系统等设备，模拟具有挑战性的场景。

常用的人体平衡能力综合测试系统如步态与平衡功能训练评估系统（AL－600－G5/AL－600－T5－EA）。该系统集多项评估与训练于一体，包括：步态分析（空间域、时间域指标）、步态平衡评估、步态平衡训练、站走转移平衡评估、站走转移平衡训练、站立平衡评估、站立平衡训练、足底压力/姿态快速评估（足弓判断）等。如图 12－13 所示。

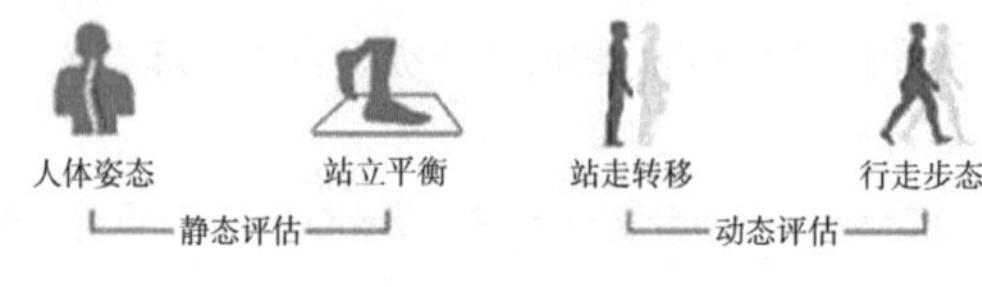

图 12－13　步态与平衡功能训练评估系统（AL－600－G5/AL－600－T5－EA）图示

（七）简易自测方法

1. 三个站姿自测平衡力。

三个站姿包括：半足距站立、全足距站立和并足站立。如图 12－14 所示。

第一步，半足距站立。一只脚的脚尖对着另一脚的脚掌中间，并拢 10 秒。若能完成进行第二步测试，若不能完成则进行第三步测试。

第二步，全足距站立。一只脚的脚跟对着另一只脚的脚尖，保持直立 10 秒。

第三步，并足站立。双脚并拢站立 10 秒。

以上能维持 10 秒为正常，小于 10 秒或不能完成表示平衡力差，同时观察自己有无晃动，晃动越多，平衡能力越差。

注：老年人测试时，需有固定物品防护或有家人在旁看护。

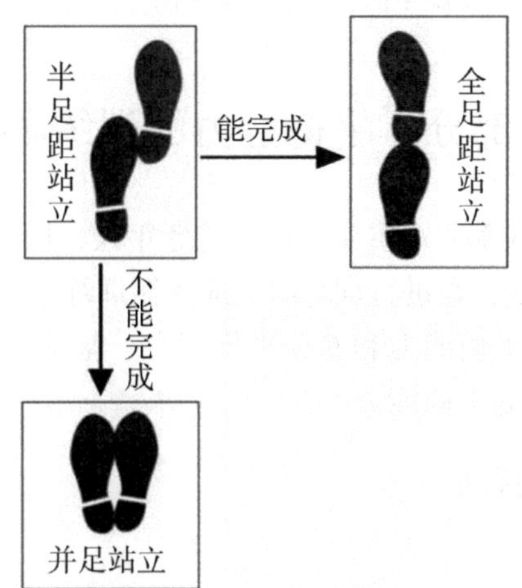

图 12－14　半足距站立、全足距站立和并足站立测试

2. 三个平衡力自测方法。

以下方法具体采用哪一个则要取决于个人能力。如果身体在任何一个测试中都会发生摇晃，则说明平衡力有待加强。三个平衡力自测方法如图 12－15 所示。

（1）单腿平衡测试。

成年人应该有能力保持 30 秒钟的平衡。

站在坚硬的地面上，一只脚抬离地面，膝盖弯曲呈 90 度角。

闭上双眼开始计时。如果完成测试有困难的话，测试者的眼睛也可以不闭。

当眼睛睁开时就停止计时，将高抬的脚放下。

重复做三次，计算平均数。

（2）隆伯格与加强版隆伯格平衡测试。

双脚并拢站立，双臂在上胸部位交叉，闭上双眼开始计时，保持这一动作满 1 分钟。双脚前后对齐站立，双臂在上胸部位交叉，闭上双眼开始计时。保持这一动作满 1 分钟。

（3）鹤鸟站立测试。

鹤鸟站立测试的级别更高，不仅可以检测平衡力，而且可以测试平衡持久力。如果双手离开髋部、足部脱离腿部、支撑腿移动或者脚后跟碰触地面的话就停止计时。

站立在坚硬的地面上，双手扶住髋部，单腿站立，一只脚抵住另一条腿的膝盖下方，支撑腿的脚后跟从地面抬起，并开始计时，尽量坚持这一姿势 10 秒钟不变，另一条腿重复以上动作。

每条腿尝试三次，选取成绩最好的那次。

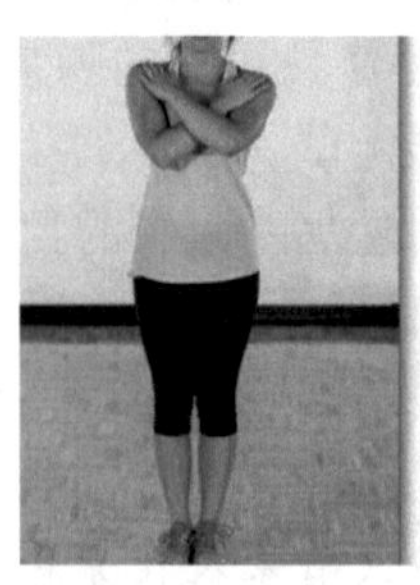
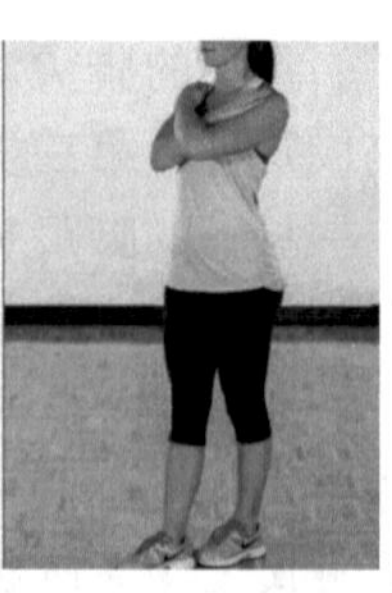

图 12－15　单腿平衡测试等 3 个平衡能力自测方法示意图

第三部分　平衡能力的训练和提高

平衡能力训练对于任何人都非常重要，特别是老年人、损伤康复者、运动员等人群。平衡能力因其生理机制的复杂性，在进行训练时，应遵循训练原则，进行循序渐进的训练。

平衡能力训练分为一般平衡能力和专项平衡能力、基础平衡能力和高阶平衡能力、普通人群平衡能力和特殊人群的平衡能力。

一、平衡训练的基本原则

（1）支撑面积由大变小。

（2）稳定极限由小变大。

（3）先训练静态平衡，再过渡到动态平衡。

（4）逐渐增加训练的复杂性。

（5）从睁眼到闭眼。

平衡训练的基本原则，如图 12－16 所示。

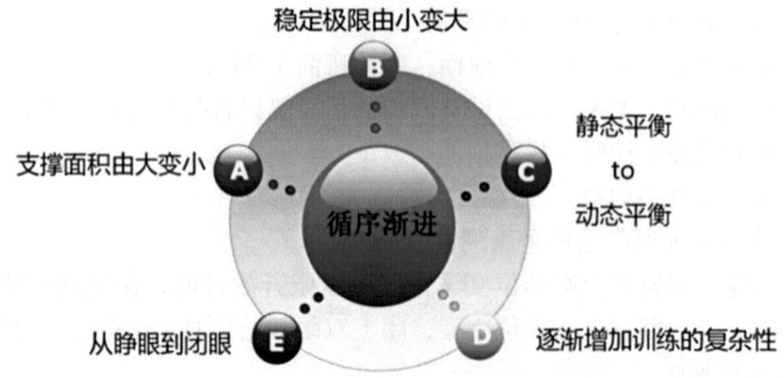

图 12－16　平衡训练的基本原则示意图①

① 资料来源：中华运动康复教育学院。

二、平衡能力的训练内容及顺序

平衡能力的训练内容及顺序为：静态平衡训练→自动态平衡训练→他动态平衡训练。如图 12－17 所示。

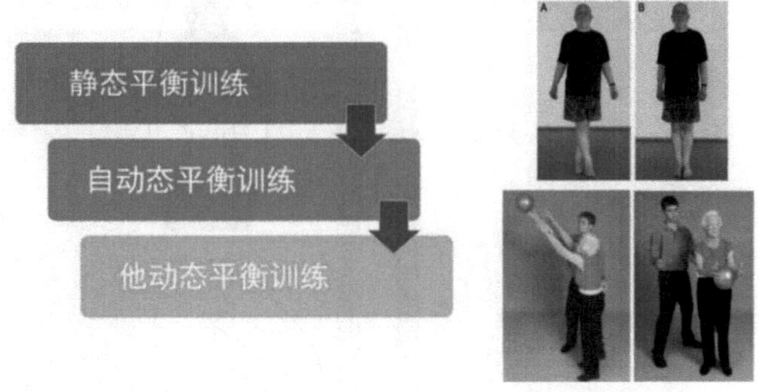

图 12－17　平衡训练的内容及顺序示意图①

三、平衡力训练的思路、要点等

设计平衡能力训练的思路主要包括：

1. 减少身体的支撑面。如单腿站立。

2. 支撑面由稳定状态变为不稳定状态。如使用平衡练习器（平衡垫、平衡球、波速球、平衡盘、悠美板等）。见图 12－18。

图 12－18　各类平衡练习器

3. 平衡训练中的动作模式由静态变为动态。如瑜伽练习的山式进阶为树式。见图12－19。

注：也可以结合的方式进行平衡能力训练动作的设计。

① 资料来源：中华运动康复教育学院。

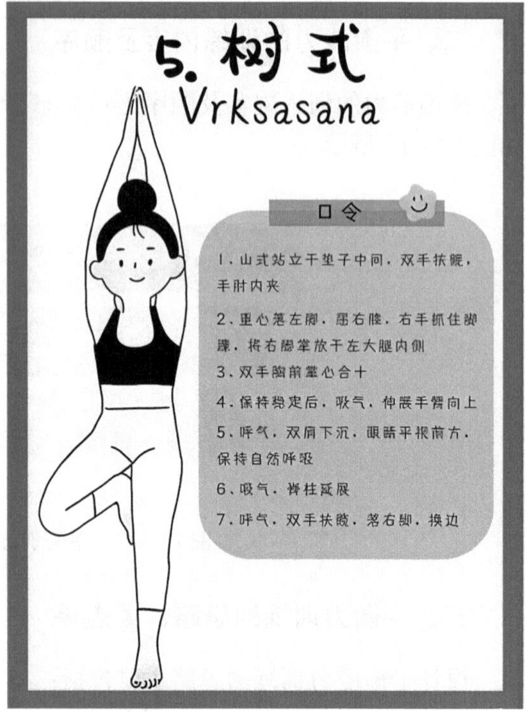

图 12－19　瑜伽练习山式和树式

四、推荐的平衡训练动作

（一）一般平衡训练动作

1. 单腿平衡。

一条腿站立，另一条腿抬高，膝盖对着胸部，尽量长时间保持平衡，尽量保持 30 秒以上。如果完不成，可以尝试延长练习时间，直到能达到 30 秒。

2. 单腿下蹲。

从右腿单腿平衡开始，蹲下，直到腿几乎与地面平行，左手达到右脚。左腿放在一个舒适的位置，臀部向后推，这样站立的膝盖就不会有额外的负荷。如图 12－20。

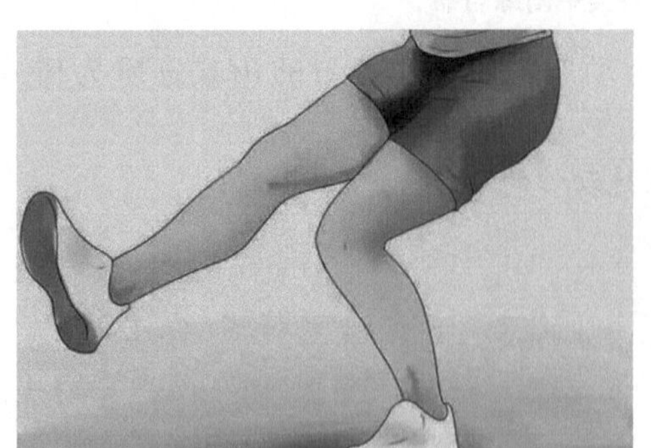

图 12－20　单腿下蹲示意图

3. 箭步蹲。

箭步蹲动作的综合性更高。箭步蹲训练可以加强自身的平衡性和稳定性，有助于提高身体各大肌群的配合度。如图12－21。

图12－21　箭步蹲动作示意图

4. 边界跳跃。

开始时单腿站立，向前小跳个。控制后暂停2～3秒，然后向后跳。关键是稳落地。如图12－22。

图12－22　边界跳跃示意图

5. 横向换脚跳。

单腿站立，两侧小跳，每个方向距离约30cm。侧向运动可以锻炼大腿外侧，这是跑步者的动力来源，也有助于防止受伤。如图12－23。

图 12－23　横向换脚跳示意图

6. 单腿拉伸运动。

单腿站立，保持平衡，然后弯腰双手尽量触摸到你的脚趾，腿要直立不能弯曲，然后起身，换另外一只脚。如图 12－24。

图 12－24　单腿拉伸运动示意图

7. 单腿罗马尼亚硬拉。

用右腿保持平衡，用双手下伸保持平衡，抬起左腿，脚趾紧扣地板，尽量够到地板（或能够到的最远处），拉起回到站立的位置。换腿练习。该动作需要大量的控制、协调和核心力量。如图 12－25。

经过徒手单腿罗马尼亚硬拉的练习后，可开始负重练习，从轻重量开始，然后逐步增加。常见的负重为：哑铃、杠铃、壶铃等。如图 12－26 所示。

图 12－25 单腿罗马尼亚硬拉示意图（徒手）

图 12－26 单腿罗马尼亚硬拉示意图（哑铃）

8. 倒立。

倒立是平衡训练的好方法。一个人若能保持独立倒立 5 秒或以上，则其平衡能力较强。倒立在墙上 30 秒，不仅能更好地感觉到自身的重心，还能锻炼上半身的核心肌肉。如图 12－27 所示。

图 12－27 头手倒立示意图

注：锻炼平衡能力的注意事项如下。

第一，循序渐进，动作先易后难，支持面由大到小，从最稳定位置到最不稳定位置，身体重心由低到高，从睁眼到闭眼，从静态平衡到动态平衡等。

第二，赤脚练习会对脚的肌肉和神经的更新有正向调节作用。

第三，锻炼时周围环境中应去除障碍物，必要时提供附加的稳定措施，如坚固的扶手等。

（二）专项平衡能力训练

1. 结合专项特点。

运动员的平衡能力训练是体能训练的重要内容。多数运动项目的运动员通过平衡训练，可加强核心的稳定性与力量的传导，增加力量，并降低运动损伤的发生。

训练实践提示：结合专项特点的“动态平衡能力”训练和在快速动作后进行的平衡控制，是有效提高运动中平衡能力的方法。

NBA 的功能性训练（平衡能力）。根据篮球专项的动作模式特点（如单腿发力、单腿稳定平衡）设计训练动作，有助于运动员在比赛中的动作更加稳定。如图 12－28 所示。

图 12－28　NBA 的功能性（平衡能力）训练

足球运动员需要较高的抗干扰维持身体平衡的能力。“FIFA11＋”专项准备活动中安排了多个运动员落地的策略练习、平衡能力练习、平衡控制练习等。

图 12－29 为某足球俱乐部球员走平衡木练习。

图 12－30 为著名足球运动员进行平衡球、平衡垫等平衡训练。

图 12－31 为某足球队的有球平衡训练。

图 12－29　某足球俱乐部球员走平衡木练习

图12－30　某足球运动员进行平衡球、平衡垫训练

图12－31　某足球队的有球平衡训练

2. 特殊运动项目。

一些需要完成一系列高难度动作、技巧性强的运动项目，如跳水和体操等，平衡能力是重要的制胜因素，很大程度上决定了运动表现、动作质量、稳定性和运动成绩。

运动员的平衡能力训练体系较为复杂，包括基础平衡训练、入门平衡训练、专业平衡训练、高级别平衡训练等，训练的科学性要求较高。

（三）老年人（64岁以上）平衡能力问题

1. 老年人平衡能力与跌倒、寿命有密切关系。

世界卫生组织发布报告指出，全球每年有30余万人死于跌倒。平衡功能下降是导致跌倒的重要因素。

中国疾病预防控制中心慢病中心、国家体育总局体育科学研究所群众体育研究中心等7家单位联合发布的《老年人防跌倒联合提示》显示，跌倒是我国65岁以上老年人因伤死亡的首位原因。

跌倒是我国伤害死亡的第四位原因，而在65岁以上的老年人中则为首位。每年老人跌倒的发生率约为15%～40%，并随着年龄增加而升高。若自身伴有一些影响身体平衡能力的疾病，例如中风、帕金森病、梅尼埃病等，尽管身体不稳定本身危害可能并不大，但它会增加跌倒的风险，易引起骨折、脑损伤甚至死亡。

北京市疾病预防控制中心的调查显示，2015 年，北京老人平均每人摔倒约 1.4 次，发生率为 15.5%。

意外摔倒是老年人的大忌，摔一次很有可能永久性地影响到以后的行动和生活。

2020 年最新颁布的《世界卫生组织关于身体活动和久坐行为指南》中建议，64 岁以上老年人每周进行 3 次防摔倒的平衡和大肌肉群练习，以提高平衡能力，预防摔倒。

2. 老年人的防摔倒自查。

老年人的平衡能力测试可考虑选择简易自测方法或 Berg 平衡量表法。

2015 年，美国疾病控制与预防中心发布了“家中老年人防摔倒自查表”，可帮助老年人自查摔倒的风险并积极采取有限的预防措施。自查表如下：

问题 1：您在走过房间时，是否必须绕过家具？如果是，请求他人帮您搬开家具，保持经过的地方畅通无阻。

问题 2：您的地板上是否有小块地毯？如果是，将地毯取走，或使用双面胶固定地毯，或者使用防滑衬里，防止地毯滑动。

问题 3：地板上是否有纸张、书籍、毛巾、鞋子、杂志、盒子、毯子或其他物品？如果是，将地板上的东西捡起，千万不要将这些东西放在地上。

问题 4：您是否必须从电线（电灯线、网线、电话线）上走过或者绕过？如果是，将电线卷起或用胶带粘牢，以免被绊倒。如果可以，请加装一个插头。

问题 5：楼道/楼梯上是否有纸盒、鞋子等杂物？如果是，将东西捡起，千万不要在门口、楼道口堆放东西。

问题 6：楼梯是否有破损或者不平？如果是，请人修好楼梯。

问题 7：楼梯处有没有电灯？如果没有，一定要安装足够明亮的电灯。

问题 8：您是否有一个触手可及的楼梯灯开关？如果没有，请安装一个不用摸索就能打开的开关，或者安装一个发光的开关。

问题 9：楼梯栏杆是否松动？是否只有一侧有栏杆？如果是，修理松动的栏杆，确保走路靠着有栏杆的一侧。

问题 10：您经常使用的东西是否放在高层的橱柜上？如果是，请把常用的物品放在下层。

问题 11：您是否需要踩凳子登高取东西？如果是，您必须使用专门的梯凳（防滑稳固带扶手），千万不要用椅子作为梯凳使用。

问题 12：浴缸或淋浴区地板是否很滑？如果是，在浴缸或淋浴区地板上安装防滑垫。

问题 13：您在进出浴缸或从马桶上站起来时，是否需要支撑？如果是，请安装扶手杆。

问题 14：床边的灯是不是可以伸手摸到？如果不是，请将灯放在床边伸手可以碰到的地方。

问题 15：床到卫生间的过道是否黑暗？如果是，安一盏小夜灯，亮度能够看清过道。

3. 平衡能力的练习方法。

建议老年人可多进行有利于提高平衡能力的锻炼，如太极拳、交谊舞、健步走和登山等。另外可多做以下提高平衡能力的练习动作。

（1）金鸡独立。

（2）单腿跳跃。

（3）不倒翁练习。

扶住固定物体，脚尖和脚跟循环着地，锻炼下肢肌肉，到达控制重心的目的。角度不要过大，30 度以内。

（4）坐、立练习。

反复坐、立，选有靠背扶手的椅子，坐在椅子中间。

（5）直线行走。

后脚尖贴近前脚跟，尽量保持直线，10 ~ 20 步，折返。头部可顶着纸盘练习。

（6）侧身走（蟹步）。

向侧方移步，侧身走（蟹步）。

（7）倒退走。

前脚跟贴近后脚尖，尽量保持直线，10 ~ 20 步，折返。

4. 防止摔倒的其他措施。

（1）定期锻炼，改善平衡和协调能力。

（2）询问医生，了解所有药物里面哪些有让人嗜睡和头晕的副作用。

（3）每年至少检查一次视力，因为视力不佳会增加摔倒的可能性。

（4）坐下或躺下之后，起身要缓慢。

（5）室内室外都要穿鞋，避免穿拖鞋，避免室内光脚。

（6）屋内用更加明亮的灯。

（7）所有地板边缘使用强烈的对比色，以便更清楚地看到地板与楼梯的边缘等。比如可以在深色木料上用浅色油漆。

（8）将紧急求助电话用大字写出来放在电话旁边。

（9）将一台电话放在地板上，以防止摔倒之后无法站起。

（10）考虑随身带一个警报装置，以备摔倒后无法站起来时用于求救。

案例13　营养与健康——平衡膳食

【关键词】营养与健康、平衡膳食

【适用课程】健康教育学、大学体育与健康、体育保健学、学校体育学、运动训练学、社会体育指导员培训等

【案例知识点】营养与健康、平衡膳食、膳食金字塔、地中海营养

【摘　要】本案例围绕营养与健康问题，重点对平衡膳食（Balanced Diet）专题进行深入分析，收集了多个古今中外的平衡膳食典型案例，并对中国、美国等国家的居民膳食指南的发展历程进行了梳理，以期帮助学生用平衡膳食理论改善和促进健康，结合自身情况设计个性化的平衡膳食方案，并在实践中实施。

第一部分　平衡膳食（Balanced Diet）

一、平衡膳食的概念

平衡的膳食是由多种食物构成的，它不但能提供足够数量的热量和各种营养素以满足机体正常的需要，而且还能保持各种营养素之间的适当比例，以利于吸收利用，达到合理营养的目的。

平衡膳食的主要理由有：

（1）人体需要各种营养素。

（2）没有任何一种天然食物含所有的营养素。

（3）目前，还不能肯定人体到底需要哪些微量元素，故应摄入各种食物，以满足机体的需要。

二、平衡膳食的案例

平衡膳食观点是人类在合理营养领域里的共识。

（一）中国古代的平衡膳食

著名医书《黄帝内经·素问》中记载了“五谷为养，五果为助，五畜为益，五菜为充”的膳食搭配理论。

五谷是人们赖以生存的根本，五果是作为主食的辅助，五畜是补益人体的食物，五菜是补充人体营养的食物。膳食搭配理论强调了饮食的多样性和平衡性，以及主食的重要性。通过合理的饮食搭配，可以提供人体所需的营养物质，保持身体健康。这是世界上最早的合理、平衡、完善的膳食总结。

（二）1957年美国农业部的膳食建议

美国营养指导等工作由美国农业部（USDA）负责。1957年，美国农业部提出了“4

种基本食物”，即：

（1）牛奶。

（2）肉类。

（3）面包、谷物。

（4）蔬菜、水果。

（三）20世纪80年代美国农业部的膳食建议

20世纪80年代，美国农业部提出了“8种基本食物”，即：

（1）牛奶。

（2）肉类（鱼类、禽类、干酪、蛋类）。

（3）深绿色或深黄色的蔬菜。

（4）柑橘类水果。

（5）其他蔬菜和水果。

（6）面包（由全麦粉或加维生素的面粉制成）。

（7）谷类和土豆。

（8）脂肪（黄油、人造奶油）。

（四）20世纪90年代美国农业部的“膳食金字塔”

美国农业部于20世纪90年代提出了食物金字塔（Food Pyramid）概念，使膳食指南图形化，有利于科普和宣传。见图13－1。

1996年，美国农业部提出了“食物指南金字塔”，提出了每日选择食物品种和数量的建议，其目的在于促进健康，减少心脏病、高血压、癌症、糖尿病等与饮食结构有关的疾病的发生。

营养学家认为，通过改变食物结构，可使人的平均寿命延长10年。

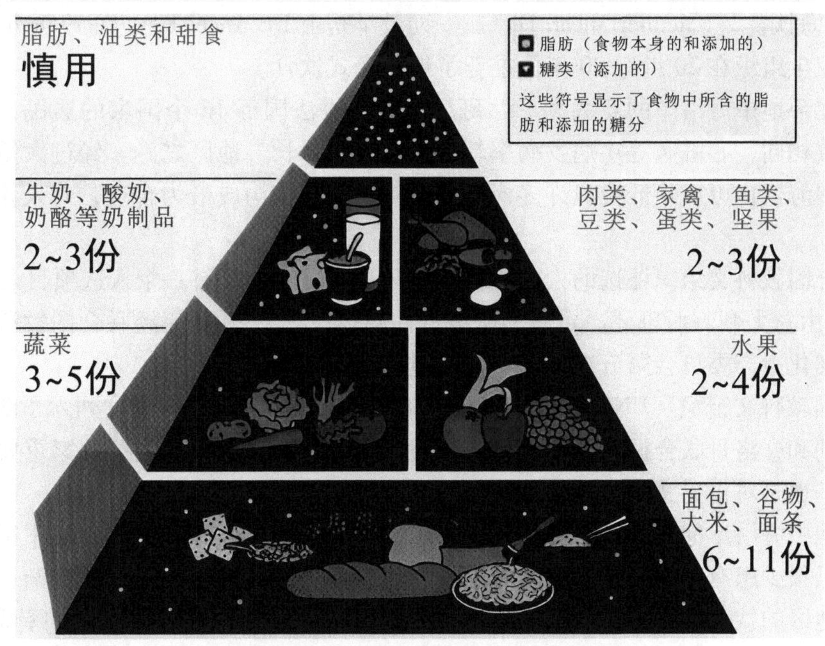

图13－1 膳食金字塔指南示意图

（五）2011 年美国农业部的“健康餐盘”

2011 年 6 月 2 日，美国农业部公布了新的健康饮食指南，用餐盘式的图标取代了沿袭 20 年的美国食品金字塔指南，提醒民众改变不良饮食习惯，致力于探寻一种健康的饮食均衡指南，让它看起来简单易懂，有趣又不烦琐。见图 13－2。

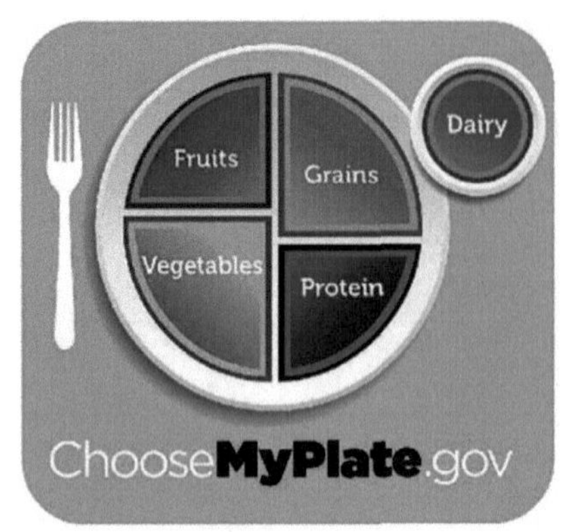

图 13－2　“我的餐盘”示意图（中、英文版）

因实施的食品金字塔指南太过复杂，无法引起公众的兴趣，推行 20 年来对遏制美国肥胖人口的增长帮助有限。新指南“我的餐盘”只有四个部分（蔬菜、水果、谷物和蛋白质），希望通过更简洁的方式提醒公众选择更健康的饮食。指南的发布标志着美国健康新战略的实施，提高了营养指南的实用性。它就像一个饼状图，直观、易懂，不仅告诉人们健康食物的配比，还充分体现了蔬菜和水果在饮食中的重要性，同时也让人印象深刻。

（六）地中海式饮食

1. 地中海式饮食简介。

“地中海饮食”（Mediterranean Diet）一词最早是由 Dr. Ancel Keys 在 1958 年提出的。

世界卫生组织在 20 世纪 90 年代推荐了地中海式饮食。

生活在环地中海沿岸的意大利、西班牙、希腊、法国等 16 个国家的居民，环境与北欧地区大致相同，心脏病等疾病发病率却很低，是世界长寿地区之一。经过大量调查分析发现，地中海饮食可以降低罹患许多疾病的风险，其食物构成最为合理，对人体健康也最为有益。

在联合国教科文组织评选的人类非物质文化遗产名录中，有一个入选项目名为“地中海饮食”，由意大利、西班牙、希腊和摩洛哥共同申报，于 2010 年经联合国教科文组织保护非物质文化遗产委员会第五次会议审议通过。

联合国教科文组织（UNESCO）于 2010 年 11 月 17 日将地中海饮食列入了西班牙、希腊、意大利和摩洛哥联合拥有的非物质文化遗产，肯定了它不仅是这些国家重要的历史和文化产物，也是对世界文明的巨大贡献。

欧洲地中海沿岸的意大利、西班牙、希腊、摩洛哥等国居民心脏病发病率很低，普遍寿命长，且很少患有糖尿病、高胆固醇等现代病，经过大量调查分析谜底逐渐被揭开，发现这与该地区的饮食结构有关。此前的诸多研究显示，地中海式饮食可帮助降低罹患心脏病、中风、认知障碍（如阿尔茨海默病）的风险。

2. 地中海式饮食的基本特点。

地中海式饮食的基本特点为“杂食”，将谷类、肉类、海鲜类、蛋类及蔬菜、水果有机结合，满足了人体对营养的综合需要。

“地中海式饮食”的内容包括：

（1）膳食富含植物性食物，包括水果、蔬菜、全谷类、豆类和坚果等。

（2）食物的加工程度低，新鲜度高，以食用当季和当地产的食物为主。

（3）橄榄油是主要的食用油。

（4）脂肪提供能量占膳食总能量比例在25%～35%，饱和脂肪只占约7%～8%。

（5）每天食用少量、适量奶酪和酸奶。

（6）每周食用少量或适量鱼、禽肉和蛋。

（7）以新鲜水果作为典型的每天餐后食品，甜食每周只食用几次。

（8）每月只食用几次红肉。

（9）大部分成年人有饮用红酒的习惯。

（七）第一版《我国居民膳食指南》（1989年版）

中国自古以来，解决温饱一直是绝大多数人的目标。1989年，随着人民物质生活得到明显改善，中国营养学会发布了第一版《我国居民膳食指南》。

该指南主要共有8条具体建议，即食物要多样、饥饱要适当、油脂要适量、粗细要搭配、食盐要限量、甜食要少吃、饮酒要节制、三餐要合理。

（八）第二版《中国居民膳食指南》（1997年版）

中国营养学会于1997年发布了第二版《中国居民膳食指南》和《中国居民平衡膳食宝塔》（Chinese Balance Dietary Pagoda）。

主要内容包括：食物多样，以谷类为主；多吃蔬菜、水果和薯类；常吃奶类、豆类或其制品；经常吃适量鱼；食量与体力活动要平衡，保持适宜体重；吃清淡少盐的膳食；饮酒应限量；吃清洁卫生且不变质的食物。

1. 分层。

（1）谷类。

（2）蔬菜和水果。

（3）鱼肉蛋。

（4）奶类和豆类食物。

（5）油脂类。

2. 摄入量。

（1）谷类食物位居底层，每人每天300～500克。

（2）蔬菜和水果占据第二层，每天分别为400～500克和100～200克。

（3）鱼、禽、肉、蛋等动物性食物位于第三层，每天125～200克（鱼虾类50克，畜、禽肉50～100克，蛋类25～50克）。

（4）奶类和豆类食物合占第四层，每天奶类及奶品100克和豆类及豆制品50克。

（5）第五层塔尖是油脂类，每天不超过25克。

（九）第三版《中国居民膳食指南》（2007 年版）

中国营养学会 2007 年发布了第三版《中国居民膳食指南》和《中国居民平衡膳食宝塔》。该膳食建议的 6 条核心信息为：

（1）食物多样，谷类为主。

（2）吃动平衡，健康体重。

（3）多吃蔬果、奶类、大豆。

（4）适量吃鱼、禽、蛋、瘦肉。

（5）少盐少油，控糖限酒。

（6）杜绝浪费，兴新食尚。

与膳食宝塔（1997）相比，膳食宝塔（2007）的塔基在原来谷类的基础上增加了薯类和杂豆类，宝塔的第四层则将豆类及豆制品改为了大豆类及坚果，塔尖增加了盐 6g 的内容，并上调了蔬菜、水果、鱼虾、奶类及奶制品、油的建议摄入量，下调了谷类、畜禽肉类的建议摄入量。膳食宝塔（2007）增加了饮水 1200mL 的内容以及身体活动的内容，即“身体活动 6000 步”的建议。

（十）第四版和第五版《中国居民膳食指南》（2016 年版、2022 年版）

中国营养学会 2016 年发布了第四版《中国居民膳食指南》，2022 年发布了第五版《中国居民膳食指南》。

《中国居民膳食指南》（2022 年版）的主要观点有：将谷类为主转变为强调合理搭配，并强调增加全谷物的摄入；增加了规律进餐、足量饮水，会烹会选、会看标签，公筷分餐、杜绝浪费等 3 条要求；修订营养餐盘及膳食宝塔。

案例14　水与运动饮料

【关键词】水与运动饮料的功能、失水对人体的影响、补水的原则和方法

【适用课程】健康教育学、体适能测评与方法、体能训练、运动训练学、大学体育与健康、体育保健学、学校体育学、社会体育指导员、培训等

【案例知识点】水的生理作用、水平衡、失水对机体的影响、失水与运动、补水的原则、补水的方法、运动饮料的配方

【摘　要】本案例围绕水的生理作用、水平衡与运动饮料种类及补充原则等问题做了介绍，以帮助学生掌握正确的运动补水方法。

一、水的生理作用

水是人体最重要的构成物质之一，与其他营养物质同样重要。对于参加身体锻炼的人来说，只有补充足够的水分，才能保证身体健康，维持良好的运动状态。人体体液占体重的70%左右。人体各部位中的水占比及分布如图14－1所示。

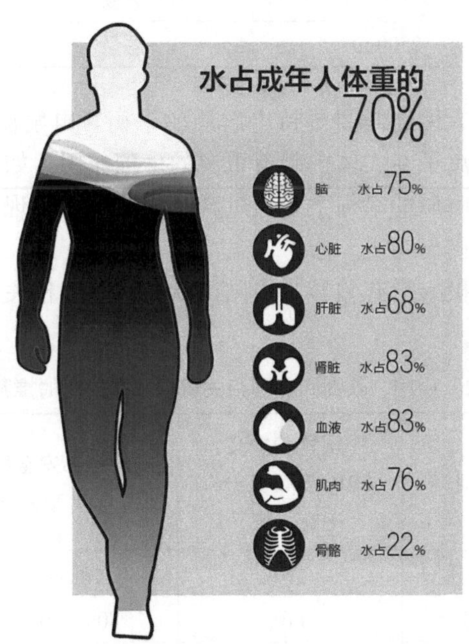

图14－1　人体中各部位的水占比及分布

水的主要生理作用如下：

（1）构成细胞质。

（2）维持血液的容积。

（3）维持电解质的平衡。

（4）是各种物质（营养物质、气体、代谢产物）的载体。
（5）能调节体温。
（6）起润滑作用。

二、水平衡的概念

水平衡是指人体内各种物质的含量和浓度保持在一定范围内的状态。这一状态是由人体内的各种调节机制维持的，包括神经系统、内分泌系统、肾脏等。水平衡的维持对于人体的正常生理功能和健康非常重要。

水平衡的调节机制主要包括两个方面：水的摄入和排出。水的摄入主要通过饮水和食物摄入，而水的排出则主要通过尿液、汗液和呼吸等途径。当人体内水分过多时，肾脏会增加尿液的排出量，以维持水平衡；当人体内水分不足时，肾脏会减少尿液的排出量，以保持水分的平衡。水的摄入与排出的方式与量的对照，见表 14－1。

表 14－1　水摄入与排出的方式与量

摄入方式	摄入量	排出途径	排出量
食物	1000mL	肾脏	1500mL
饮料	1200mL	皮肤	500mL
代谢水	300mL	肺部	350mL
		大肠	150mL
总量	2500mL	总量	2500mL

除了水分的调节外，人体还需要维持电解质的平衡。电解质是指带电离子，包括钠、钾、氯、钙等离子。这些离子在人体内起着重要的生理作用，如维持神经和肌肉的正常功能、调节酸碱平衡等。电解质的平衡主要通过肾脏的调节来实现。肾脏可以通过调节尿液的成分来维持电解质的平衡。

不同年龄段人群水的摄入量有差异。中国、欧洲和美国相关机构公布的水的推荐摄入量见表 14－2。

表 14－2　中国、欧洲和美国相关机构公布的水的推荐摄入量

特定群体	年龄与性别	中国营养学会，2016 年（毫升/千克·天）	欧洲食品安全局，2010 年（毫升/天）	美国国家医学研究院，2004 年（毫升/天）
婴儿	0～6 个月	110	680（通过牛奶）	700
	6～12 个月	110	800～1000	800
儿童青少年	1～2 岁	40	1000～1200	1300
	2～3 岁	40	1300	
	4～8 岁	40	1600	1700
	9～13 岁，男孩	40	2100	2400

续　表

特定群体	年龄与性别	中国营养学会，2016 年（毫升/千克体重·天）	欧洲食品安全局，2010 年（毫升/天）	美国国家医学研究院，2004 年（毫升/天）
儿童青少年	9～13 岁，女孩	40	1900	2100
	14～18，男孩	40	2500	3300
	14～18，女孩	40	2000	2300
	男性	40	2500	3700
	女性	40	2000	2700
孕妇	≥19 岁	—	2300	3000
哺乳期妇女	≥19 岁	—	2600～2700	3800
老人	—	40	和成年人一样	和成年人一样

注：(1) 足够的摄入量应能满足特定群体中几乎所有人的需求，这些人身体健康，饮食均衡，进行适度的体育活动；(2) 总摄水量＝普通水＋饮料＋食物水分。

三、失水

（一）失水对机体的影响

失水对机体的影响与失水的程度有密切关系。失水对机体的影响见表 14－3。

表 14－3　失水对机体的影响

失水程度（体重%）	对机能影响
轻度（2%）	强烈口渴、不适、食欲下降、尿少
中度（4%）	不适感加重、运动能力下降 20%～30%
重度（6%～10%）	全身乏力、无尿、烦躁、T 升高、P 加快、BP 下降、循环衰竭、呼吸快、肌肉抽搐、幻觉、谵妄、昏迷、死亡

（二）失水与运动的关系

1. 脱水的影响与训练水平有关。

一般训练水平：失水 2%～3% 时，运动能力下降明显。

高训练水平：失水 4%～5% 时，运动能力下降明显。

2. 脱水对运动能力的影响。

一项在严格控制条件下的实验显示，当 1500 米跑的运动员在赛前脱水达到自重的 2% 时，其跑速慢了 3.7%（在世界水平的 1500 米跑中，3.7% 跑速减慢相当于成绩减慢 6 秒）。

3. 不同运动项目运动员的失水。

（1）马拉松

排汗量平均：2786mL（国外），体温可达40.5℃。

（2）足球

男足为1.2～2.5L/h，女足为0.8～1.5L/h。

（3）游泳

平均一次训练课（大约游程4km/1h）约出汗600mL。澳大利亚国家游泳队，在无空调的游泳馆内训练3周，13次测试的结果表明，在气温30℃、相对湿度60%、水温28～29℃时，平均一次训练课（大约游程4km/1h）约出汗600mL。水中训练一般不容易感觉口渴，所以游泳运动员更要注意水的补充。

4. 普通人与运动员出汗量对比。

一般人一天大约出0.5升汗，但是跑步一小时的出汗量为此量的2～3倍，踢一场90分钟足球的出汗量可以是这个量的4倍，或更多。

四、脱水

（一）运动性脱水

人在剧烈运动时，体内能量产生增加，所产生的能量只有25%用于机械做功，其余75%转化成为热能；而产生的能量需要以排汗的形式排出体外，以保证机体内部温度的稳定。当机体水分排出量超过摄入量而发生机体缺水时，称为脱水状态。由于运动造成的脱水称为运动性脱水。

（二）脱水的主要原因

（1）进水过少。

（2）过量排汗。

（3）电解质失衡等。

（三）脱水会造成四大危害

（1）加重心脏负担。

（2）体温升高。

（3）肌肉所需要的氧气和营养物质供应不足。

（4）机体代谢的废物排泄受阻。

（四）脱水的分类及表现

1. 轻度脱水。

失水量为体重的2%左右，以细胞外液为主，表现为口渴、尿少，尿深黄色。

2. 中度脱水。

失水量为体重的4%左右，细胞内外脱水量相等。

3. 重度脱水。

失水量为体重的6%～10%，细胞内失水增多。

当发生中度以上脱水时，皮肤会失去弹性、口舌干裂、声音嘶哑、心率加快、烦躁不安。失水严重会危及生命。

（五）脱水的判断

运动者可通过简单的方法来判断是否脱水。比如观察尿液颜色、尿量，观察体重的变化。尿液颜色变深，尿量少于500mL/d，体重减轻，即有脱水的可能。

（六）案例

体重50千克者失水症状如表14－4所示。

表14－4　失水的案例（体重50千克）

脱水量	症状
脱水0.5千克	口渴
脱水1千克	严重口渴、不舒服、压抑和没有食欲
脱水1.5千克	血液浓缩、少尿、口干
脱水2千克	体能下降、皮肤发红、急躁、欲睡、冷漠、恶心和情绪不稳定
脱水2.5千克	不能集中注意力
脱水3千克	运动中调节体温的能力下降，心跳呼吸加快
脱水4千克	头晕、脸色青紫、语言不清、四肢无力和精神紊乱
脱水5千克	肌肉痉挛、闭眼后无法平衡、全身能力下降、精神错乱、失语和舌肿胀
脱水7.5千克	死亡

五、补水

（一）补水的原则

运动中补水的主要原则有：

（1）水平衡。

（2）少量多次。

（二）补水量及饮用方法

1. 运动前。

运动前补充400～700毫升液体，以增加体内水储备；运动前15分钟可少量分次饮用；运动前忌讳一次性大量饮水。

2. 运动中。

运动中每15～20分钟补充1次，每次补充100～300毫升运动饮料或水，水温以8～12℃为宜。

在马拉松比赛中，补水设置为每5千米补一次水或运动饮料。

3. 运动后。

运动后，需要少量多次补充运动中的液体丢失。

另外，错误的补水方式是不渴不补。

（三）一次性大量饮水的危害

（1）一次性饮水过多时，大量水分骤然进入血液，使血糖稀释，血容量增加，加重心脏负担。

（2）一次性大量饮水会导致过多水分从肾脏排出，加重肾脏负担，而且排出时会带走无机盐，导致无机盐代谢紊乱。

（3）大量水分储留在胃内，不仅使人感觉不适，影响运动，而且也会冲淡消化液，影响消化系统功能，引起腹痛、呕吐。

（四）判定身体水合状态的方法

1. 观察尿量以及尿液的颜色。

尿量多并呈现柠檬汁的颜色，意味着身体水分充足，尿量少并呈现苹果汁的颜色则提示身体可能处于脱水状态。

2. 运动前后称量体重。

运动后体重的下降超过基础体重的2%，提示身体处于脱水状态。每丢失1千克体重大概需要补充1升的液体（约2瓶普通装矿泉水的量）。

（五）科学补给　远离风险

受高温天气影响最大的无疑是众多的传统户外运动项目，如长跑、越野跑、马拉松、自行车、足球、篮球、网球等，因此普通健身爱好者在夏季高温天气条件下进行户外运动锻炼时应避开炎热时段，可选择在无阳光直射、气温相对较低的清晨或傍晚进行。此外，在运动之后的补水方面也要引起注意。

1. 补水量要足够。

多饮水或运动饮料，以补足出汗失水量（出汗失水量＝运动前体重－运动后体重）。凭口渴感饮水只能补充失水量的大约2/3，即使在供水充足时也会发生“自发性脱水”。因此，在满足口渴感后，要再饮一些。

2. 饮用方法要得当。

应少量多次，防止一次性暴饮。运动或比赛前30分钟左右饮400～500mL，若条件允许，运动中每隔10分钟左右饮100～200mL，运动后液体和电解质的摄入应达到体重丢失的100%～150%。对持续50分钟以上的运动，补充运动饮料是有价值的。

3. 低温低糖饮料好。

选择低温（8～13℃）、低糖（<3%）、含盐（适量钾、钠、镁等）及适量蛋白质的防暑饮料，比温热、单纯的水更适合。

4. 失水情况下称体重。

“自发性脱水”，相当于体重的2%～3%是经常发生的。坚持每天清晨起床小便后称体重并记录，可发现慢性失水的情况。

5. 补盐主要靠膳食。

一般强度运动时，补盐量以每日3～20克为宜；高热高强度运动时，每日另加2～4克。尽量在膳食中补给盐，不要在饮水不足时单独服用盐片。

六、运动补水的种类

（一）水

运动过程中补充水是最常见的方法，尤其是在时间不是过长、运动负荷一般的运动中。

（二）运动饮料

运动饮料是指为改善人体运动能力所制成的饮料。

1. 成分。

水、糖、电解质（矿物质）、维生素 C、果汁、其他。

2. 糖的种类。

单糖（果糖）、双糖（蔗糖）、低聚糖（渗透压低、通过胃的时间短、低血糖反应小）。

3. 电解质（矿物质）。

低渗电解质对维持机体电解质代谢、降低体温、提高机能、缓解疲劳有良好作用，主要成分包括：Na、Cl、K、Mg 等离子。

4. 浓度。

炎热——2.5%、寒冷——5% ~10%（慢，但稳定供热）。

（三）运动补水主要观点

1. 一小时之内运动补水。

一小时之内的运动，电解质流失的情形可能尚未达到需要补充的程度，此时饮用一般的开水就可以达到解渴与补充的目的。

2. 一小时以上运动补水。

当运动持续一小时以上，且强度较高时，最好能饮用适量的运动饮料或是添加了食盐的水作为补充，摄取饮料中的钠、钾成分，帮助人体回到电解质平衡状态。

3. 理想的补液饮料必须具备下述条件。

（1）促进饮用。

（2）迅速恢复和维持体液平衡。

（3）提供能量，增强运动能力。

4. 含量。

应控制运动饮料中糖分和其他功能性成分的含量。

5. 其他。

如口感、味道、是否含有违禁成分、温度、避免饮用含碳化气、咖啡因或酒精的饮料等。

（四）运动饮料分级

1 代——碳酸饮料。

2 代——乳酸类。

3 代——果汁类。

4 代——野生水果。

5 代——功能性运动饮料。

6 代——专项运动饮料。

七、运动饮料的配方

（一）美国运动医学学会的运动饮料配方

1. 1 小时以内的运动，含糖 6% ~10% 的饮料。
2. 1 ~3 小时的运动，含糖 6% ~8%，含钠盐 230 ~460mg/L 的饮料。
3. 3 小时的运动，含糖 6% ~8%，含钠盐 460 ~690mg/L 的饮料。

（二）北京体育大学运动饮料配方

1. 鲜橘子汁 500mL、NaCl 4 ~8g、葡萄糖 100 ~200g，加水至 1000mL。
2. 果汁 250mL、NaCl 8g、葡萄糖 125g，加水至 1000mL。
3. 果汁 160g、NaCl 4g、葡萄糖 200g、蔗糖 200g、磷酸钠 8g、维生素 C 2g，加水至 1000mL。

（三）北京运动医学研究所运动饮料配方

（改进的途中配方、北京马拉松比赛用）

蔗糖 25 ~ 60g、葡萄糖 25 ~ 60g、鲜橘子汁 100mL、NaCl 4g、柠檬汁 1g，加水至 1000mL。

（四）俄罗斯的运动饮料配方

蔗糖 50g、葡萄糖 5g、鲜果汁 40g、NaCl 1g、磷酸钠 2g、维生素 C 500mg、水 200mL、淀粉 20g。

（五）自制运动饮料

如糖茶水、酸梅汤、中医凉茶……

八、其他

（一）补水的标志

不宜用“口渴感”作为补水的指标。人感到口渴时，其脱水量已经达到体重的 2% ~3%，需 48 小时才能补足。

（二）温度

运动补水温度：以 8 ~14℃为宜（标准：13℃）。

水通过胃的速度较快，过冷会让胃肠道的血管收缩而引起痉挛，从而不利于水的吸收。

马拉松运动补水温度为 5℃左右，可抑制肠温持续升高等（可提前 72 小时放入 3 ~5℃冷藏库，使用封闭装置的特殊车辆在 30 ~45 分钟内分别送至各饮料补给站）。

（三）田径运动补水规定

10 千米或 10 千米以上项目应从起点开始起大约 5 千米的间隔距离设置饮料站。在距起点 5 千米处设第一个饮料站，此后每隔 5 千米设一饮料站，两个饮料站中间设用水站。可根据天气情况多设置一些站点。马拉松全程将设置 8 个饮料站和 7 个饮水与用水站。

用水站：设置于两个饮料站之间，提供饮用水和浸水海绵块。

饮料由组委会提供，一般包括：矿泉水和功能饮料。

另：运动员自备须提前存放至放置饮料的站点，通常按运动员自备饮料桌（红色）、组委会准备的饮料桌（蓝色）和组委会准备的矿泉水桌（白色）的顺序摆放。

参考文献

［1］国务院办公厅关于印发“十四五”国民健康规划的通知（国办发〔2022〕11号），2022年05月20日

［2］胡凤，常松．民国时期我国健康教育传播模式研究［J］．中国健康教育，2011，27（3）：221－223＋227.

［3］赵香柳．美国学校健康教育课程的历史沿革［J］．科教文汇（上旬刊），2009（8）：98.

［4］胡媚，齐宇飞．近年国内外健康教育研究现状、热点及趋势的可视化分析［J］．中国健康教育．2021，37（04）：353－357.

［5］汤晶晶等．健康教育学课程国内外发展情况的对比研究［J］．上海医药．2021，42（11）：67－70.

［6］谢敏豪，李红娟，王正珍．心肺耐力：体质健康的核心要素——以美国有氧中小纵向研究为例［J］．北京体育大学学报，2011，34（2）．

［7］游永豪，温爱玲．人体平衡能力测评方法［J］．中国康复医学杂志，2014，29（11）：1100－1104.

［8］王健，马军，王翔．健康教育学（第二版）［M］．高等教育出版社，2015.

［9］王瑞元，苏全生．运动生理学［M］．人民体育出版社，2016.

［10］《ACSM运动测试与运动处方指南》（第十版）．北京体育大学出版社，2019.

［11］中国医药卫生文化协会心血管健康与科学运动分会．运动相关心血管事件风险的评估与监测中国专家共识［J］．中国循环杂志，2022，37（07）：659－668.

［12］World Health Organization.（2019）. Guidelines on Physical Activity，Sedentary Behaviour and Sleep for Children under 5 Years of age. World Health Organization. http：//www. who. int/iris/handle/10665/311664.